l'ABCdaire du Whisky

Thierry Bénitah

Flammarion

LES QUESTIONS QUE L'ON SE POSE

Il suffit de contempler les vitrines des magasins spécialisés ou d'entrer chez son caviste pour percevoir toute la complexité de l'univers du whisky. Blend, malt, scotch, bourbon, etc., quelles saveurs particulières caractérisent ces diverses appellations ?

La fabrication du whisky relève plutôt de la culture anglo-saxonne même si, depuis quelques années, les Japonais proposent aux amateurs des whiskies de qualité. Quelle est donc la part du terroir et de la tradition dans la fabrication d'un bon whisky ?

Certains connaisseurs tiennent à s'approvisionner uniquement en whisky de telle année, tiré de tel fût, chez tel négociant. Âge, origine... ? Que doit-on toujours avoir en tête pour choisir un bon whisky ?

COMMENT L'ABC*daire* Y RÉPOND...

Le guide de l'abécédaire p. 6

Il explique comment comprendre le whisky en regroupant les notices de l'abécédaire selon trois perspectives. Un code de couleurs indique le genre de chaque notice :

■ Le produit : les origines, les appellations.

■ La pratique : la fabrication, la dégustation.

■ Le contexte : l'histoire, le commerce, les amateurs.

Au fil de ces notices, et grâce aux renvois signalés par les astérisques, le lecteur voyage comme il lui plaît dans l'abécédaire.

L'abécédaire p. 31

Par ordre alphabétique, on trouvera dans ces notices tout ce qu'il faut savoir pour entrer dans l'univers du whisky. L'information est complétée par les éclairages suivants :
- des commentaires détaillés sur les origines du whisky ;
- des encadrés qui insistent sur les notions essentielles.

Le Whisky raconté p. 11

En tête de l'ouvrage, une synthèse reprend l'articulation du guide de l'abécédaire en développant chacun de ses thèmes.

Spirit Safe

Low Wines

G U I D E

I. L'AVENTURE DU WHISKY

A. Une histoire mouvementée

L'histoire du whisky ressemble à une suite de combats : rivalités entre pays d'origine, lutte des distillateurs contre l'administration fiscale, guerre des consommateurs contre les agents de la morale publique, compétition commerciale entre distributeurs…

- *Bootlegger*
- *Bushmills*
- *Clan*
- *DCL*
- *Glenlivet*
- *Licence*
- *Midleton*
- *Poteen*
- *Prohibition*
- *Uisge Beatha*

B. Les hommes du whisky

Le whisky reconnaît en la personne de saint Patrick son créateur légendaire. Mais l'histoire du whisky compte d'autres figures hautes en couleur : ecclésiastiques atypiques, inventeurs passionnés, distillateurs ingénieux, détracteurs vindicatifs et poètes inspirés.

- *Burns (Robert)*
- *Coffey (Aenas)*
- *Craig (Elijah)*
- *Daniel (Jack)*
- *Eunson (Magnus)*
- *Jameson (John)*
- *Lloyd George (David)*
- *Power (John)*
- *Saint Patrick*
- *Usher (Andrew)*
- *Walker (Hiram)*

C. Le commerce du whisky

Le commerce du whisky se conçoit aujourd'hui à l'échelle planétaire. Alcool puissant et populaire, sa production et sa consommation font l'objet d'une surveillance étroite de la part des administrations publiques. Breuvage subtil, exigeant un palais éduqué, sa distribution réclame l'énergie d'une véritable passion.

- *Consommation*
- *Négociant*
- *Spécialiste*
- *Taxe*

II. L'AUTHENTICITÉ DU WHISKY

A. Les pays du whisky

Le whisky tire son authenticité de la culture anglo-saxonne. Mais ce n'est là qu'une image apparente, car il existe d'autres styles de whiskies et d'autres pays producteurs. On recense aujourd'hui cinq grandes origines.

- *Canada*
- *Écosse*
- *États-Unis*
- *Irlande*
- *Japon*

B. La fabrication du whisky

Les distilleries modernes, en dépit de leurs équipements gigantesques, ont conservé un côté « laboratoire d'alchimiste ». Sous l'action combinée des quatre éléments primordiaux – l'eau, la terre, l'air et le feu – un « brouet » insignifiant se métamorphose en eau-de-vie et prend la couleur de l'or.

- *Alambic*
- *Brassage*
- *Céréale*
- *Distillation*
- *Eau*
- *Fabrication*
- *Fermentation*
- *Fût*
- *Kiln*
- *Maltage*
- *Tourbe*
- *Vieillissement*

C. Le whisky et son terroir

Certains whiskies sont si typés qu'il constituent des exceptions au sein de leur famille d'origine. Ce sont ces particularismes qui font toute la richesse de l'univers du whisky et le plaisir de l'amateur.

- *Campbeltown*
- *Highlands*
- *Islay*
- *Kentucky*
- *Lowlands*
- *Speyside*
- *Tennessee*

III. LA PASSION DU WHISKY

A. La dégustation du whisky

L'univers du whisky est particulièrement riche. Il est donc tout à fait recommandé d'exercer sa sensibilité et sa curiosité. L'application de certaines règles respecteront et valoriseront les caractéristiques du whisky de votre choix.

- *Âge*
- *Alliance*
- *Arôme*
- *Club*
- *Couleur*
- *Dégustation*
- *Étiquette*
- *Goût*
- *Verre*

B. L'image du whisky

C'est entendu, le roman « noir » et le whisky ont fait bon ménage, mais depuis longtemps déjà la forte saveur de cet alcool lui vaut tant la réputation de remède miracle que celle de poison maudit. Il existe aujourd'hui heureusement des façons moins extrêmes d'apprécier cet alcool généreux.

- *Collection*
- *Convivialité*
- *Liqueur*
- *Littérature et cinéma*
- *Médicinal*
- *Packaging*
- *Spiritueux*
- *Vocabulaire*

C. Choisir son whisky

« Un whisky, s'il vous plaît ? – scotch, bourbon, blend, pur malt, lequel monsieur ? » Pour ne pas redouter l'instant du choix, il suffit de posséder quelques connaissances essentielles.

- *Blend*
- *Bourbon*
- *Cask strength*
- *Grain (single grain)*
- *Malt*
- *Rye*
- *Scotch*
- *Single cask*
- *Single malt*
- *Sour mash*
- *Whiskey*

LE WHISKY RACONTÉ

L'histoire du whisky est étroitement liée au développement des principaux pays producteurs que sont l'Irlande, l'Écosse ou bien encore les États-Unis. La richesse de son univers, l'engouement qu'il suscite auprès du public en font un alcool totalement à part.

I. L'aventure du whisky

A. Une histoire mouvementée

Désignés à l'origine sous le nom gaélique de uisge* beatha les whiskies, toutes origines confondues, ont connu des fortunes diverses. Depuis le début du XXe siècle, le fait le plus marquant de l'histoire du whisky réside dans la disparition de très nombreuses distilleries. Cette triste réalité s'applique à tous les pays producteurs, aux premiers rangs desquels figurent l'Écosse, l'Irlande et les États-Unis.

Aux États-Unis, le mot hécatombe n'est pas trop fort pour décrire la disparition massive des distilleries. À la fin du siècle dernier, période qui constitue l'apogée de la production américaine, on en dénombrait 780 – plus de 350 résidaient en Caroline du Nord, 172 au Kentucky, 72 en Georgie, 62 en Pennsylvanie, 51 en Virginie, 47 au Tennessee et même quelques distilleries en Alabama et en Californie. Aujourd'hui, il n'en reste plus que douze.

Ni l'Irlande ni l'Écosse ne furent épargnées par ce cataclysme. En 1996, l'Irlande ne compte plus que 3 distilleries contre 28 au début du siècle. Sur les 170 distilleries en activité recensées en Écosse vers 1880, il n'en reste plus qu'une centaine dont 80 seulement continuent à produire. Jamais les fermetures ne se sont autant multipliées que durant ces dix dernières années. Un espoir ? Quelques distilleries se sont récemment créées. La dernière est une distillerie de malt qui a vu le jour en 1995, sur l'île d'Arran à l'ouest des Lowlands.

Différents facteurs permettent d'expliquer les déboires subis par l'industrie du whisky, mais producteurs et négociants s'accordent à reconnaître que, depuis l'origine et aujourd'hui encore, la lutte contre l'alcoolisme et une fiscalité étouffante sont ceux qui pèsent le plus lourdement sur leur activité. Aux temps héroïques, les premières taxes donnèrent naissance au whisky de contrebande (plus connu sous le nom de poteen* en Irlande). Les bootleggers*, contrebandiers modernes, sévissaient encore aux États-Unis dans les années 1930 au moment de la prohibition*. En Écosse, dans les Highlands, la distillation clandestine – c'est-à-dire sans licence* – prit l'allure d'un combat politique mené par les membres des clans* contre le pouvoir central anglais.

Heureusement, l'histoire du whisky ne prit pas toujours cet aspect belliqueux. Quelques figures célèbres de son industrie, commerçants astucieux, producteurs entreprenants et savants ingénieux influencèrent positivement son cours. Bien sûr, la « paix des marchands » n'est pas non plus sans faire quelques victimes : il en est ainsi de l'ancestrale rivalité qui oppose le whiskey* irlandais au whisky écossais. En Écosse, la réussite rencontrée par la DCL* ou bien encore la distillerie Glenlivet* a finalement assis la suprématie du scotch sur son rival irlandais. En Irlande, cependant les distilleries Bushmills* et Midleton* jouent encore un rôle déterminant dans le développement et la pérennité de l'Irish whiskey*.

Étiquette du whiskey Old Taylor.

B. Les hommes du whisky

Le whisky doit une grande part de son succès à l'inspiration de quelques figures emblématiques. Pour certaines, leur rapport à l'histoire oscille entre le mythe et la réalité. Pour les historiens, qui s'en tiennent aux sources écrites, le whisky est apparu en Irlande il y a cinq cents ans. Pour les traditionnalistes en revanche, les premières traces de distillation d'uisge beatha remontent aux moines chrétiens du Ve siècle qui auraient rapporté de leurs voyages au Moyen-Orient l'art de la distillation en Irlande. Bien que rien n'atteste historiquement ce fait, les Irlandais attribuent unanimement au plus célèbre de leurs moines évangélisateurs, saint* Patrick, la paternité du whisky. Les Écossais le leur accordent de bonne grâce, se contentant de rappeler que saint Patrick était natif d'Écosse. Mille cinq cents ans après ce saint homme, un autre religieux, le moine Magnus Eunson*, rap-

pelait encore par ses illustres faits de contrebande l'attachement « endémique » des Écossais pour leur nectar national. Les États-Unis possèdent eux-aussi leur « saint » fondateur en la personne du révérend Elijah Craig* à qui ils associent l'invention du Bourbon.
De source moins contestable, certains hommes orientèrent de manière providentielle le cours de l'histoire du whisky. On compte parmi eux Aeneas Coffey*, inventeur de génie, qui donna son nom à l'alambic* *patent still* et permit à l'Écosse de dominer le monde du whisky. L'Écosse doit également beaucoup à Andrew Usher* qui sut utiliser le *patent still* afin de réaliser les premiers blends* de qualité.
Au mérite des fondateurs et des inventeurs, s'ajoute celui des distillateurs. Certains, grâce à leur persévérance et à leur esprit d'entreprise furent à l'origine de véritables empires commerciaux. En Irlande, John Power* et John Jameson* léguèrent leur nom à deux des Irish whiskeys les plus célèbres au monde. Aux États-Unis, Jack Daniel* fit de son Tennessee* whiskey la référence en matière de whiskey américain. Quant à l'entrepreneur Hiram Walker*, il fut l'homme providentiel du whisky canadien.
À bien des égards, l'histoire du whisky fut affaire de passion. Celle du poète Écossais Robert Burns* s'employa à forger les plus belles rimes pour chanter son amour du whisky ; celle du chancelier Lloyd* George à inventer les pénalités les plus redoutables pour soumettre les distillateurs britanniques.

C. Le commerce du whisky

Les véritables débuts de la commercialisation du whisky remontent au milieu du XIXe siècle. Jusqu'à cette époque la production* était le fait de distillateurs clandestins et de quelques distilleries officielles. Le whisky ainsi produit était presque exclusivement destiné à une consommation locale.
Puis, avec la révolution industrielle et l'apparition des nouveaux modes de transport – en particulier le chemin de fer –, le whisky commença à sortir de ses frontières naturelles. Grâce à la clairvoyance et à l'opportunisme de quelques négociants irlandais et écossais, il commença bientôt à s'exporter. Jusqu'en 1945, production et consommation* oscillèrent au gré de l'augmentation des taxes* et des crises successives qui secouèrent le monde.
Après 1945, l'industrie du whisky rendue moribonde par la guerre se remit en marche. À tel point que les capacités de production se révélèrent très vite insuffisantes pour répondre à l'accroissement constant de la demande. L'Écosse sut le mieux profiter de cette période faste.

WHISKEY
JOHN BARLEYCORN
BROTHER
GONE

En agrandissant et modernisant ses distilleries, elle imposa sa production à l'Occident renaissant. En 1966, l'industrie du whiskey irlandais tenta de répondre à l'hégémonie écossaise en concentrant sa force de production avec la création du groupe Irish Distillers. Après la guerre, les Américains profitèrent de leur omniprésence pour développer l'exportation de leur whiskey ; c'est d'ailleurs par cette présence prolongée des GI's américains au Japon et en Allemagne que l'on explique le goût des Japonais et des Allemands pour le bourbon.

II. L'authenticité du whisky

A. Les pays du whisky

Lorsque l'on évoque l'univers du whisky quatre noms de pays viennent immédiatement à l'esprit : l'Écosse*, l'Irlande*, les États-Unis* et le Canada*. D'où leur vient cette passion commune pour le whisky – pour *les* whiskies devrait-on dire ? Selon toute évidence, elle puise aux origines anglo-saxonnes de la majorité de leurs habitants, et plus précisément en Irlande, où tout semble avoir commencé. Inventeurs du whiskey, les Irlandais introduisirent l'art de la distillation en Écosse. Au début du XVIe siècle, fuyant la famine et les persécutions, les immigrants irlandais et écossais l'auraient progressivement répandu dans toute l'Amérique du Nord. Dès lors, pour de nombreux amateurs le monde du whisky se limite à ces quatre pays.

Il est pourtant une nation où l'art de la distillation du whisky est fortement ancrée dans la tradition nationale : le Japon*. Dans les années 1920, Masataka Taketsuru, le père du whisky japonais rapporta d'Écosse les techniques de fabrication et les adapta aux spécificités climatiques et aux goûts du consommateur japonais. Pour les experts, qui rendent ainsi justice à sa qualité et à sa saveur originale, le whisky japonais constitue bel et bien un cinquième style à part entière.

Fabriquer son propre whisky ne permet pas obligatoirement de figurer dans ce cercle restreint des grandes origines. Ainsi du pays de Galles qui, pour

Caricature sur le début de la prohibition du whisky aux États-Unis, La Domenica del Corriere, 1919.

Paysage des Highlands, de Daniel Sherrin (1895-1915). Londres, Christopher Wood Gallery.

légitimer sa candidature, revendique la paternité du whisky en la personne d'un certain Reauilt Hir… coiffant ainsi sur le poteau, en l'an 356, le vénérable saint Patrick. Mais la raison historique n'est pour rien dans la disqualification des Gallois. Le critère de sélection est d'ordre purement gustatif.

Le whisky gallois contrairement au scotch*, à l'Irish whiskey* et aux whiskies américain, canadien et japonais ne se distingue pas par un style qui lui est propre. Sa production emprunte aux blended* scotch whisky, et se perd dans le tronc commun des imitations produites de par le monde. À l'inverse, l'Irlande, les États-Unis, le Canada et le Japon distillent des whiskies qui, avec un minimum d'expérience, sont assez faciles à distinguer des scotch. La palette aromatique et gustative de chacun d'eux détermine et justifie leur caractère spécifique.

B. La fabrication du whisky

L'eau* et les céréales* sont les principaux constituants du whisky. On leur ajoute cependant des levures afin de favoriser et de contrôler la fermentation issue de leur mélange.

La qualité de l'eau (lourde ou légère ; tourbée ou non tourbée) et le type de céréales (orge, maïs, seigle, blé, avoine) utilisé sont les facteurs qui déterminent les arômes et les goûts d'un whisky. Les levures, en plus de leur pouvoir chimique, peuvent également transmettre aux whiskies des saveurs qui s'apparentent à certains fruits rouges.

La fabrication* du whisky, même si elle diffère légèrement selon les catégories de whiskies, se décompose en cinq étapes successives, le maltage* (remplacé par le *cooking* aux États-Unis), le brassage*, la fermentation*, la distillation* et le vieillissement*.

Double page suivante : fermentation à la distillerie Lagavulin (île d'Islay, Écosse).

Épandage de l'orge, Écosse.

En Écosse, le maltage, fait intervenir un élément spécifique qui influence fortement le goût du whisky : la tourbe*. Utilisée comme combustible, incorporée dans une sorte de four, le kiln*, celle-ci n'intervient que très rarement dans la fabrication des Irish whiskeys. Aux États-Unis, la première étape de la fabrication du whiskey est baptisée *cooking*. Elle consiste en une cuisson à la vapeur du mélange initial de céréales, le *mashbill*. Mis à part ces différences, l'élaboration du whisky ne varie guère si ce n'est au niveau de la distillation.

En Écosse, pour la production des malts on a recours à une double distillation dans des alambics de type *pot still* (en français « à repasse ») qui permettent une distillation en discontinu. En revanche l'alcool de grain*, l'autre constituant des blends*, est issu de l'alambic de Coffey ou *patent still* qui permet une distillation en continu. C'est ce même alambic qui est utilisé aux États-Unis ou au Canada.

Enfin le cycle de production, quel que soit le type de whisky, s'achève par un vieillissement en fûts* de chêne qui donnent au whisky sa couleur, et complètent sa palette aromatique et gustative.

C. Le whisky et ses terroirs

Il existe des régions productrices dont les spécificités géographiques et climatiques déterminent en partie le caractère d'un whisky tout comme le terroir pour un vin. Les Écossais insistent d'ailleurs sur le fait que le scotch whisky est unique et qu'il ne pourrait pas être produit ailleurs qu'en Écosse. Il est même possible de pousser plus loin cette affirmation en montrant que chaque whisky produit en Écosse est unique. Nous en voulons pour preuve l'histoire de la distillerie Lagavulin : créée afin d'imiter le whisky de sa voisine Laphroaig, distante de seulement quelques mètres de sa concurrente et puisant son eau à la même source, elle n'y parvint jamais.

Pour fonder la notion de terroir, il est indispensable d'établir des comparaisons entre les origines géographiques des whiskies. Il est donc impossible d'évoquer les blends* : les spécificités propres à chaque whisky entrant dans un mélange sont difficilement rattachables à une région de production. La notion de terroir ne peut donc s'appliquer qu'aux malts*. L'Écosse et sa centaine de distilleries, et dans une moindre mesure les États-Unis, permettent d'envisager la question. En revanche, parce que leurs distilleries sont trop peu nombreuses, il est rarement fait mention de terroirs en ce qui concerne les Irish whiskeys, les whiskies canadiens ou japonais.

Dans le cas des single malts en général – ou de certains straight whiskeys des États-Unis en particulier –, la notion de terroir prend vraiment toute sa signification. L'Écosse des whiskies est généralement décomposée en quatre régions bien distinctes : les Lowlands*, Campbeltown*, Islay* et les Highlands*. Les Highlands se subdivisent même en cinq sous-régions, le Speyside* au centre, les Highlands du nord, de l'est, de l'ouest et du sud. Bien qu'aux États-Unis la notion de terroir ne puisse s'appliquer que dans une moindre mesure par rapport à l'Écosse, il est admis que ses deux principaux États producteurs de whiskey, le Kentucky* et le Tennessee*, se distinguent nettement de toutes les autres productions américaines par la qualité de leur eau, la richesse de leurs sols calcaires et leur climat favorisant le vieillissement en fûts. Plus généralement, la diversité des méthodes de fabrication propres à chaque État américain permet de risquer quelques comparaisons et de dégager certaines spécificités.

III. La passion du whisky

A. La dégustation du whisky

Le whisky est de tous les alcools celui pour lequel le mot dégustation* prend toute sa signification. Ni la diversité des styles de whisky, ni la complexité des goûts* et des arômes* ne font défaut au whisky.

Pour débuter son initiation, il suffit de lire ce qui est inscrit sur les étiquettes* des bouteilles : l'origine, l'âge*, le degré et parfois même le type de fûts utilisés y sont mentionnés. Cependant, conformément à l'adage populaire qui veut que « l'habit ne fait pas le moine », l'étiquette n'est pas un critère de jugement suffisant.

Faut-il juger le whisky à sa couleur ? Ce n'est pas encore assez. L'étendue de son spectre fera malgré tout prendre conscience au profane de l'extraordinaire richesse de son univers. En effet, d'une famille à l'autre – voire entre deux embouteillages d'un même whisky – les différences de couleur sont parfois considérables.

On le devine, le meilleur moyen de déguster un whisky est encore de le goûter ; en ayant pris soin au préalable de se munir du verre* adéquat. S'il est assez facile de maîtriser la connaissance technique du whisky, il est beaucoup moins aisé de juger objectivement de ses qualités. Le temps et l'expérience permettent seuls d'y parvenir.

Fûts de whisky Chivas à la distillerie Glenlivet, Keith (Speyside, Écosse).

CHIVAS BROTHERS LTD.
K
STRATHISLA-
GLENLIVET
DISTILLERY
KEITH
4055
5
1977

Double page précédente : Howard da Silva et Ray Milland dans le film *The Lost Weekend*, 1945.

Pour les passionnés et les curieux, il est cependant possible d'accélérer l'apprentissage gustatif des whiskies. Des clubs* se sont créés durant ces dernières années donnant la possibilité à ceux qui le désirent d'accéder à la diversité indispensable à l'expérience. En tout état de cause, il est fortement conseillé de garder son libre arbitre, car la dégustation est d'abord une affaire de sincérité personnelle.

La Partie d'échecs, gravure anglaise d'Harry Eliot, fin XIXe siècle. Coll. part.

B. L'image du whisky

Il y a encore quelques années, le whisky était généralement considéré comme un produit de luxe. Avec le développement des grandes surfaces qui s'en servent comme produit d'appel, le whisky est en train de devenir un produit de consommation courante.

En fait, l'image du whisky n'a jamais cessé d'évoluer depuis sa création. Au XVIe siècle, le whisky était considéré comme une boisson aux vertus médicinales*. Aujourd'hui il aurait plutôt tendance à être diabolisé au même titre que le tabac. Il est vrai que le cinéma et la littérature* qui favorisent le whisky par rapport aux autres spiritueux* n'ont pas toujours transmis une image très objective de celui-ci. Cette vision quelque peu pessimiste sur l'avenir du whisky à l'aube du XXIe siècle est heureusement contrebalancée par l'apparition d'un phénomène qui ne cesse de s'amplifier, et qui répond au nom d'« hédonisme ». Cette quête individuelle et objective du plaisir est la conséquence logique et antithétique d'un système de consommation de masse où la jouissance tend à se banaliser. Les spécialistes du whisky tentent de répondre aux nouvelles exigences du consommateurs : authenticité, convivialité*, qualité. Un vocabulaire* plus précis et plus technique, jusqu'alors réservé aux professionnels, est

désormais prisé par les amateurs eux-mêmes. Il arrive parfois que le whisky devienne pour certains passionnés un objet de collection*. Les producteurs entretiennent d'ailleurs fort bien ce phénomène en multipliant les séries limitées et les packagings* exclusifs.
Si l'on en croit un certain discours, il est un domaine où le whisky n'a guère évolué depuis son origine : dans l'imaginaire collectif, le whisky est perçu comme un alcool exclusivement viril. La réalité est beaucoup plus nuancée : de plus en plus de femmes l'apprécient en « connaisseuses » et certaines en sont des spécialistes reconnues. Quant à l'idée selon laquelle les liqueurs* de whisky, plus suaves, leur conviendraient davantage qu'aux hommes, elle ne repose sur rien. Les femmes comme les hommes aiment à moduler leur plaisir : la douceur exaltant l'amertume et réciproquement. sans doute le whisky souffre-t-il encore de certains clichés ; autrefois inspirés par la bienséance, et qu'aujourd'hui on qualifierait de sexistes.

C. Choisir son whisky

Le moment du choix est un instant crucial dans la vie de l'amateur de whisky. Une bonne connaissance de soi-même est certainement la première condition à remplir pour s'initier. En effet, le premier critère qui permet d'orienter son choix est d'ordre purement gustatif, et donc très personnel, sachant qu'il existe quatre familles de saveurs : salées, sucrées, acides ou amères. Un bourbon* ou un Tennessee* whiskey seront très appréciés pour leur douceur qui oscille entre la vanille et le caramel dur, tandis qu'un rye* whiskey sera recherché pour son mélange subtil d'amertume et de douceur.
Le moment de consommation constitue le second critère de sélection : selon les heures de la journée, un whisky n'aura pas la même saveur. Ainsi, un cask* strength whisky, certains single* casks (ou autres single barrels) très marqués en goût seront rarement conseillés à l'apéritif, tandis qu'un blend*, avec ou sans glace, sera mieux adapté.
Il existe un style de whisky à part et offrant une très grande diversité d'arômes et de goûts, ce sont les single* malts d'Écosse. Avec eux, le mot choix révèle toute sa complexité. L'initiation aux malts passe d'abord par la dégustation des whiskies légers – tels que des malts des Lowlands –, puis par certains purs malts* représentatifs d'une région en particulier, et s'achève par ses représentants les plus typés. Tous les amateurs en conviennent : avec le temps et l'expérience les goûts évoluent, mais jamais ils ne se figent, tant est riche et varié l'univers du whisky.

Thierry Bénitah

ÂGE
À chaque whisky son âge

Quel est l'âge idéal d'un whisky ? Cette question mérite une réponse nuancée et forcément subjective. Ce qui est certain en revanche, c'est la définition de l'âge. Dans le cas d'un whisky non millésimé, il est fait mention de l'âge du plus jeune whisky entrant dans le mélange. En effet, tous les whiskies, à l'exception des single* casks et des single barrels sont élaborés à partir de fûts* d'âges différents. Ainsi, un whisky de 12 ans pourra contenir des whiskies plus âgés : en matière de whisky, 12 ans et 364 jours comptent pour 12 ans.
Pour un whisky millésimé (vintage), l'âge correspond à la différence entre la date de distillation* (le millésime) et la date de mise en bouteille. Il arrive que celle-ci ne figure pas sur l'étiquette* et dans ce cas il faudra compter sur la seule bonne foi du spécialiste*. Le millésime n'est pas un critère de qualité, comme pour un vin, mais plutôt un élément d'information ayant parfois valeur de symbole, par exemple une date anniversaire. Enfin, avec ou sans millésime, le whisky ne vieillit plus une fois mis en bouteille ; il peut donc se conserver* longtemps ou être consommé* immédiatement.
L'âge idéal – si tant est qu'il existe – est propre à chaque type de whisky. Un bourbon* ou un Irish whiskey* vieillissent rarement au-delà de 15 ans, alors que les scotch*, et en particulier certains purs malts*, supportent un vieillissement* de 30 ans et plus. L'âge minimum légal pour les Irish whiskeys et les scotch est de 3 ans. Il est de 2 ans pour les bourbons. La plupart des scotch trouvent leur équilibre entre 12 et 20 ans, les bourbons et les Irish entre 4 et 12 ans. Néanmoins, il existe d'excellents scotch de 8 ans, comme de merveilleux bourbons de 15 ans. Entrent ensuite en ligne de compte les goûts* personnels, l'essentiel étant que chacun puisse y trouver son bonheur.

Alambic

Le dictionnaire donne la définition suivante de l'alambic : « Appareil qui sert à distiller. » Plus précisément l'alambic sert à transformer le moût issu de la fermentation* en alcool, par chauffage et condensation. L'origine du mot alambic est égyptienne. L'alambic permettait d'obtenir des parfums et des fards, notamment le Khôl (dont le nom donnera le mot alcool « Al khôl »). Pour la production du whisky, deux types d'alambic sont utilisés : le *pot still* (le plus ancien) et le *patent still* ou *Coffey still*, mis au point au XIXe siècle par Aeneas Coffey*. Le premier est utilisé pour la distillation* en discontinu (il doit être arrêté pour de longues opérations de nettoyage entre chaque cuvée), le second pour la distillation en continu (il fonctionne tant qu'on l'alimente en grain fermenté et en vapeur).
Les alambics en cuivre *pot still* concernent les purs malts* et certains Irish whiskeys. Ils font penser à des grosses bouilloires surmontées d'un long col de cygne dans lequel les vapeurs d'alcool s'élèvent pour être ensuite condensées lors de leur passage dans un serpentin plongé dans un bac de refroidissement. Ils présentent des tailles ou des formes différentes selon les distilleries : les alambics longs et étroits produisent en principe des whiskies plus légers que les petits alambics de large diamètre. Lorsqu'une pièce d'alambic est défectueuse ou très usée, elle est reproduite à l'identique avec ses creux et ses

Distillerie de Knockando en 1962, (Highlands, Écosse).

bosses : l'usage prétend que, légèrement différent, il ne produirait plus exactement le même whisky. Le second type d'alambic, l'alambic de Coffey ou *patent still*, est utilisé pour les whiskies de grain* (maïs, seigle, mélanges d'orge et d'autres céréales). Il est composé de deux colonnes de cuivre, l'analyseur et le rectificateur, divisées en chambres par une série de plateaux perforés. L'alcool résulte de la rencontre de la vapeur – qui circule en continu dans l'analyseur et le rectificateur – et du moût. Ce type d'alambic produit en moyenne seize fois plus de whisky en une année qu'un alambic *pot still* traditionnel.

Alliance

Il existe en effet des alliances entre le whisky et certains mets, voire d'autres produits. Certaines ont fait leurs preuves, d'autres pourront paraître plus exotiques. Parmi les alliances connues, celle qui consiste à associer un whisky à un poisson fumé est très appréciée. Tout l'art réside dans le choix du whisky. Ainsi, avec un saumon d'Écosse* un whisky légèrement fumé de l'île d'Islay* tel que Bunnahabhain ou Bruichladdich conviendra parfaitement. L'association évidente entre le whisky et le plus célèbre des plats nationaux écossais, le haggis, la fameuse panse de brebis farcie, constitue elle aussi un véritable délice. Les mauvaises langues vous diront que le whisky permet d'atténuer le goût puissant du haggis. Il sert au contraire à relever ce plat qui s'apprécie encore mieux avec une purée de navets et de pommes de terre.

Le whisky peut également servir pour la cuisson de viandes. Un fromage à pâte cuite offre une alliance étonnante et très intéressante avec un whisky sherry cask. Autre alliance remarquable, celle qui associe chocolat et whisky, l'un des rares alcools à pouvoir relever le défi aromatique et gustatif imposé par les fèves de cacao. Avec une ganache pralinée on préférera un vieux single* malt, par exemple un whisky vieilli en fût* de sherry aux notes de noix et de fruits secs. Enfin le plus célèbre des cocktails, l'Irish coffee – mariage entre le café et le whiskey* –, est en quelque sorte l'alliance poussée à l'extrême. Choisissez de préférence un café arabica et un Irish whiskey Paddy ou un John Power's*. N'oubliez pas d'y ajouter le sucre brun et la crème battue. En fin de repas un cigare et un whisky judicieusement choisis s'harmoniseront à merveille.

Tom Wesselmann, *Nature morte I*, 1962. Berlin, galerie Nierendorf.

Maître distillateur vérifiant la qualité de l'alcool, distillerie Jim Beam, Clermont (Kentucky, États-Unis).

Arôme

La découverte aromatique d'un whisky est l'un des moments qui procure le plus de plaisir. Le nez préfigure le plus souvent ce que sera la sensation en bouche, mais il arrive que les deux impressions soient très différentes.

Tout au long de sa fabrication, le whisky emmagasine des arômes. Tout d'abord, les arômes primaires ou de base, inhérents aux diverses céréales* utilisées (malt, maïs, seigle, etc.). Ensuite les arômes secondaires issus de la transformation de la céréale en alcool. L'eau* et les différents combustibles utilisés, les levures sélectionnées pour la fermentation* ainsi que le type de distillation* pratiquée vont contribuer pour une large part à l'obtention de ces arômes. Enfin, les arômes tertiaires apparaissent lors du vieillissement* en fût*. La combinaison des trois composera la palette aromatique du whisky. Il existe plusieurs grandes familles d'arômes. En plus des arômes de céréales, on distingue des arômes fruités (poire, framboise, abricot...), floraux (violette, fleur blanche, chèvrefeuille...) boisés (cèdre, chêne...), des arômes végétaux (foin coupé, bruyère, herbe fraîche...), tourbés* (fumé, iode, essence diesel...), minéraux (pierre à fusil, granit...), épicés (poivre, clou de girofle, gingembre...) et enfin oléagineux (noix, noisette...).

Avec un peu d'expérience, il est possible de juger de la qualité d'un whisky par simple « *nosing* » (en le humant). Cette technique, utilisée par le *blender* (maître assembleur) pour sélectionner les malts* lors des assemblages, permet de révéler les arômes, par l'ajout d'un peu d'eau aux différents whiskies testés. C'est seulement lorsque le *blender* a un doute sur la qualité d'un whisky qu'il le goûte*.

BLEND : L'ART DE L'ASSEMBLAGE

Samuel Bronfman, fondateur de l'empire commercial Seagram disait : « La distillation* est une science, le *blending* est un art. » Un homme en est l'artiste : le *blender*. Celui-ci doit en effet humer des centaines d'échantillons et faire appel à sa formidable mémoire pour réaliser les meilleurs assemblages. Le *blending* est une histoire vieille de cent cinquante ans, dont le point de départ se situe en 1831, avec l'invention par Aeneas Coffey* d'un alambic*, le *patent still*, qui allait permettre la production en continu d'alcool de grain*. Adopté par les Écossais, le blend, assemblage de whiskies de grain et de malt, ne cessera, à partir de 1840, de se développer. Aujourd'hui, plus de 90 % des scotch* consommés à travers le monde sont des blends.

Un blend comporte entre quinze et quarante malts* différents et deux à trois whiskies de grain, la proportion de malt oscillant entre 20 % et 40 % du mélange. Les malts utilisés dans un blend appartiennent à trois catégories, les *base malts* qui constituent le cœur du blend, les *flavouring malts* connus des *blenders* pour leur forte personnalité et les *packers*, malts aux arômes* discrets.

Lorsqu'une forte proportion de vieux malts entre dans le mélange, l'appellation « de luxe » accompagne le terme blend. Quant à l'assemblage proprement dit, il intervient après la distillation ou bien au moment de la mise en bouteille suivant le choix du distillateur. Les grandes marques de blends qui depuis plus d'un siècle n'ont cessé d'accroître leur notoriété sont : Ballantine's, Chivas, Dewar's, Haig, Johnnie Walker*, The Famous Grouse, White Horse... Récemment des dizaines de blends d'origine incertaine ont fait leur apparition. Pâles imitations ou contrefaçons de leurs glorieux aînés, ils ternissent l'image de ces whiskies.

Publicités pour deux marques de blends : Dewar's, 1902 et John Haig, v. 1950.

Bootlegger

L'origine du terme *bootlegger* remonterait à 1861, au moment de la guerre de Sécession américaine. À cette époque, des individus peu scrupuleux vendaient aux soldats nordistes et sudistes des bouteilles d'alcool élaboré de façon illégale.

On raconte que ces contrebandiers cachaient des bouteilles de whisky dans les jambières (*legger*) de leurs bottes (*boot*).

Mais c'est durant la prohibition* entre 1920 et 1933 que les bootleggers connurent leur heure de gloire, exerçant leur trafic au sein des *speakeasies* (bars clandestins où il fallait parler doucement pour ne pas attirer l'attention) qui avaient remplacé les saloons. Les *speakeasies*, très nombreux à New York – on en dénombrait plus de 30 000 – n'étaient pas les seuls endroits où s'écoulait le whisky de contrebande. Les *delicatessen*, les coiffeurs, les

chauffeurs de taxi, les cireurs de rue servaient également de relais. Les bootleggers importaient généralement leur whisky d'Écosse*, d'Irlande* et du Canada*. Les producteurs de ces pays qui avaient échappé à la vague de mouvement de tempérance orchestrée par Lloyd* George étaient devenus les alliés plus ou moins déclarés des bootleggers.

Parallèlement à l'importation par bateau de véritable scotch* et d'Irish whiskeys*, des bootleggers d'un autre genre, des gangsters à la solde d'Al Capone ou de Lucky Luciano faisaient fabriquer au sein de distilleries clandestines un tord-boyaux au taux d'alcool élevé, celui-là même que les agents du Trésor américain et notamment le célèbre Eliot Ness cherchaient à détruire par tous les moyens. L'abolition de la prohibition en décembre 1933 sonna le glas des activités illicites des bootleggers.

Double page suivante : Perquisition dans un bar clandestin, New York, 1926.

Bourbon

Paradoxalement, le comté de Bourbon dans le Kentucky* qui donne son nom au whiskey* américain le plus célèbre à travers le monde ne possède plus de distilleries depuis très longtemps. La création de ce comté remonte à la guerre d'Indépendance (1775-1783) que menèrent les Américains contre les Anglais. En effet, c'est en remerciement de l'aide apportée au combat par les troupes françaises que le comté fut baptisé Bourbon, du nom de la famille royale régnant alors en France.

Les premiers whiskeys produits dans le Kentucky étaient embarqués dans le comté de Bourbon et acheminés par bateau vers La Nouvelle-Orléans. Ils arrivaient à destination avec la mention Bourbon gravée sur chaque fût*. Dès lors, c'est sous ce nom que le whiskey du Kentucky fut désigné.

Le bourbon doit son universalité à un homme, le révérend Elijah Craig*. En 1789, celui-ci aurait été le premier à distiller un whiskey à partir de maïs. Légende ou réalité, il n'en reste pas moins que la tradition s'est perpétuée jusqu'à nos jours, puisque le bourbon doit contenir au minimum 51 % de maïs (voir Céréale*) dans son assemblage. D'autre part sa force alcoolique après distillation* ne doit pas excéder 80 % et il doit avoir vieilli au moins deux ans en fûts de chêne neufs. Enfin il ne pourra pas être embouteillé à moins de 40 %. La plupart des bourbons sont des straight whiskeys, c'est-à-dire non coupés avec un alcool de grain* neutre. Aujourd'hui, ce sont tous des sour* mash whiskeys.

Les principaux comtés producteurs de bourbon se trouvent dans le Kentucky, et ont pour noms Frankfort, capitale de cet État, Lawrencebourg, Loretto, Bardstown, Clermont et Beam, Louisville et Owensboro.

Brassage

Le brassage (ou *mashing*), deuxième étape de fabrication d'un whisky, permet la transformation de l'amidon en sucres.

Après le maltage* ou le *cooking* (selon qu'il s'agit d'orge ou d'autres grains), le grain est broyé en une farine grossière, le *grist*, puis mélangé avec de l'eau*, chauffée entre 63° C et 68° C, provenant exclusivement de la source de la distillerie. Le mélange qui contient un quart de *grist* et trois quarts

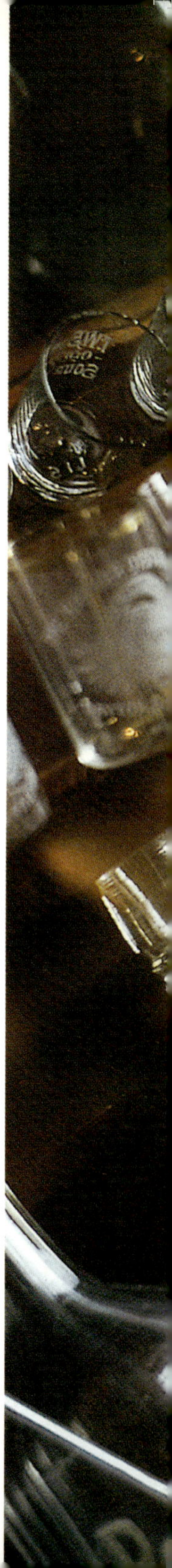

PEARL
GREEN

d'eau est alors acheminé dans une cuve équipée de pales tournantes, le *mash tun*. Commence alors le *mashing* : après quelques heures et sous l'action de l'eau chaude, l'amidon se transforme en maltose.
Le moût sucré obtenu peu à peu au cours du brassage, le *wort*, est alors écoulé dans une cuve intermédiaire, l'*underback*. Afin de récupérer les sucres du *grist* restant, celui-ci est retrempé deux fois. Les nouveaux *worts* ainsi obtenus rejoignent la première coulée et l'ensemble sera ensuite refroidi dans une cabine réfrigérante jusqu'à 23° C. Une petite quantité de ce moût sucré est conservée et servira au démarrage du prochain brassage. Le résidu du *grist*, le *draff*, sert à l'alimentation du bétail. À partir de la quantité de *wort* produite, il est possible d'estimer le volume d'alcool qui sera obtenu après distillation*. C'est alors qu'interviennent les *excisemen**. En accord avec le distillateur, ils fixeront un quota de production à respecter strictement sous peine d'amende.

Burns (Robert)

Le 25 janvier de chaque année, l'Écosse* fête l'anniversaire de la naissance de l'un de ses plus grands poètes, Robert Burns, né en 1759 à Alloway non loin de la ville d'Ayr, la capitale du Firth of Clyde dans les Lowlands*. À une époque où il était de bon ton d'éviter l'accent et les idiomes écossais, il fut le chantre de la langue écossaise par ses poèmes et ses chansons. Ses thèmes de prédilection furent l'Écosse, les femmes, l'amitié, la religion, la politique, la campagne, sans oublier le whisky.

Robert Burns. Peinture d'après Alexander Nasmyth. Édimbourg, Museums and Art Galleries.

Son célèbre poème *John Barleycorn* (Jean Graindorge) est un véritable hymne au whisky. Burns prit même fait et cause pour les distillateurs clandestins et ne cessa de réclamer un allégement des taxes* sur le whisky. « Liberté et whisky vont ensemble » se plaisait à dire ce poète très proche et très aimé du peuple. Il nous fait imaginer les contrebandiers distillant clandestinement et parcourant les routes des Highlands* afin d'échapper aux *excisemen**. Cet homme passionné et amoureux de la vie mourut à l'âge de trente-sept ans, le 21 juillet 1796 à Dumfries. Aujourd'hui, le Burns Heritage Trail, un circuit touristique qui conduit sur les traces du poète, nous permet de contempler les paysages qui l'inspirèrent.

BUSHMILLS
La mère de toutes les distilleries

Bushmills peut s'enorgueillir d'être la mère de toutes les distilleries. Située dans le comté d'Antrim, non loin de la Chaussée des Géants (voir carte), elle fut en effet la première à obtenir une licence* officielle de distillation*, le 20 avril 1608. Cependant, la réussite de Bushmills fut très longue à se confirmer. Rachetée en 1860 pour la modique somme de £500 par un négociant* indépendant, elle fut entièrement détruite en 1885 par un incendie. Il fallut attendre 1923, date de son rachat par Samuel Boyd, un négociant en vins et spiritueux* de Belfast, pour la voir véritablement se développer. Rachetée en 1973 par le groupe Irish Distillers, Bushmills demeure la seule et unique distillerie d'Irlande du Nord. Bushmills n'en est d'ailleurs pas à un paradoxe près. Ses bâtiments surmontés de deux pagodes (les *kilns**) sont du plus pur style écossais.
En plus de deux blends* réputés, le Bushmills Original et surtout le Black Bush, Bushmills

Campbeltown

Au sud du Mull of Kintyre, véritable péninsule située au sud-ouest de l'Écosse*, se trouve la ville de Campbeltown qui donne son nom aux whiskies de cette région à la fois sauvage et montagneuse (voir carte). La présence de plantes subtropicales (notamment de palmiers) est surprenante, le climat ni trop chaud l'été, ni trop froid l'hiver favorisant leur présence.

Autrefois paradis des distillateurs, Campbeltown comptait à la fin du siècle dernier plus de trente distilleries installées là en raison de l'abondance d'orge, mais aussi de tourbe* et de charbon utilisés alors comme combustibles. Mais la surproduction liée à une désaffection pour les malts* corsés, les variations en qualité et la raréfaction du charbon contribuèrent au déclin des malts de Campbeltown au point qu'aujourd'hui deux distilleries seulement subsistent : Glen Scotia et Springbank. La classification régionale demeure néanmoins. Springbank produit un second malt extrêmement tourbé, Longrow. Rarement embouteillé, ce whisky fin qui ressemble à un malt de l'île d'Islay* ne manque pas de charme.

Publicité pour la distillerie Springbank à Campbeltown.

produit, chose rare en Irlande, un single* malt de 10 ans d'âge*. Enfin, un whisky distillé en 1975 et baptisé Millenium sera mis en bouteille en l'an 2000 pour combler les inconditionnels de la marque.

La Distillerie Bushmills,
Irlande du Nord.
Peinture sur bois.

CANADA

L'Ontario est la province la plus riche et la plus peuplée du Canada. Elle est aussi le berceau du whisky canadien. En effet, c'est dans la ville de Kingston (voir carte), située entre Toronto et Ottawa que furent créées les premières distilleries canadiennes, au milieu du XVIIIe siècle.

En 1858, Hiram Walker*, personnage emblématique, fonda sa première distillerie à côté de Windsor, ville située sur les rives du lac Erié, en face de Detroit. Cet homme passionné sut donner un style et une identité aux whiskies canadiens quand en 1884, il lança sur le marché la marque Canadian Club.

À la même époque, la société Seagram installa une distillerie à Waterloo, toujours dans l'Ontario. Cette société connut un essor considérable au début des années 1930, sous la direction de Samuel Bronfman. Véritable autorité en matière de whisky, ce dernier donna ses lettres de noblesse au blending*.

Aujourd'hui, la société Seagram est propriétaire d'une demi-douzaine de distilleries au Canada. Hiram Walker n'est pas en reste, puisque la société est devenue actionnaire majoritaire de la distillerie Corby, réputée pour ses whiskies canadiens traditionnels. Les autres producteurs importants de whiskies canadiens sont les sociétés Alberta Distillers, Gilbey, Mc Guiness Distillers, Rieder, Brown Forman et Schenley.

Le whisky canadien est avant tout un whisky d'assemblage. Les meilleurs d'entre eux se composent en grande partie de whiskies de seigle (rye*), de seigle malté (seigle germé et séché) et d'un alcool neutre. S'y ajoutent souvent des whiskies à base de maïs ou d'orge maltée. La distillation* s'effectue dans des alambics* à colonne (*Coffey* still* ou *patent still*) mais aussi dans des alambics de type *pot still*. Le vieillissement* est assuré dans des fûts* de chêne ayant contenu du bourbon* ou du sherry. Les whiskies canadiens de qualité inférieure peuvent être aromatisés dans une très faible proportion, notamment au vin de pruneau.

Les whiskies canadiens sont d'un style léger avec beaucoup de rondeur, de fruité et une certaine amertume. Un système de classification a été mis en place : il va de la lettre A pour les whiskies haut de gamme à la lettre E pour ceux de qualité inférieure.

Maison Seagram, Montréal.

House of
Seagram
EST. 1857

Cask strength

Cask strength (littéralement : la force du fût) signifie non filtré et non réduit ou bien encore brut de fût*. Autrement dit, un cask strength whisky n'aura pas été dilué à l'eau* de source de la distillerie au moment de la mise en bouteille. C'est pourquoi il peut titrer jusqu'à 63 % alors qu'un whisky est généralement embouteillé à 40 % ou à 43 %. Les cask strength sont généralement disponibles auprès de négociants* indépendants. Néanmoins les producteurs commencent à proposer leurs propres embouteillages. Enfin il est à signaler que de nombreux cask strength whiskies proviennent d'un seul fût (single* cask).

Si pour certains amateurs ils représentent ce qui se fait de mieux en matière de whisky, d'autres considèrent au contraire qu'un degré d'alcool élevé nuit à leur équilibre. Par exemple un cask strength peut s'avérer fort désagréable au nez, le degré élevé d'alcool annihilant les arômes*. En revanche, si l'équilibre est respecté il fera un excellent digestif, à boire avec modération et recueillement. Précisons que les cask strength sont plus chers que les whiskies réduits en raison des taxes*, qui sont basées sur le pourcentage d'alcool, et du nombre inférieur de bouteilles pouvant être tirées d'un même fût.

Enfin il ne faut surtout pas s'inquiéter si à basse température le whisky a tendance à se troubler. L'absence de filtrage à froid en est la raison.

À gauche : whisky vieilli dans un fût de bourbon.

Double page suivante : épis d'orge.

CÉRÉALE
La matière première du whisky

La matière première commune à tous les whiskies du monde est la céréale. Les whiskies sont élaborés à partir d'une seule céréale dans le cas des purs malts* ou bien à partir d'un mélange de céréales dans le cas des bourbons*, des Irish whiskeys*, des blended* Scotch* whiskies et des whiskies canadiens.

En Irlande*, jusqu'au début du XXe siècle, cinq types de grain* étaient utilisés : l'orge, l'orge maltée, l'avoine, le blé et le seigle. Du fait de la faible quantité d'orge maltée entrant dans la composition des whiskies irlandais, le brassage* s'avérait très long. Aujourd'hui, le blé et le seigle ne sont presque plus utilisés, mais ils entrent encore couramment dans la fabrication des bourbons.

Si toutes les céréales ou presque sont utilisées, il en est une, l'orge, qui demeure incontournable et que l'on trouve dans tous les whiskies. L'orge est riche en amidon, élément indispensable aux processus de brassage et de fermentation*. Céréale par excellence du whisky écossais, elle était à l'origine cultivée au sein même des distilleries. Ces dernières années, de nombreuses variétés d'orge sont apparues. Plus faciles à récolter, elles sont aussi plus économiques. Une distillerie comme Macallan ne les utilise pas et reste fidèle aux variétés traditionnelles, mais il s'agit d'une exception. Il n'est pas rare que l'on élabore le whisky à partir de céréales importées d'autres pays parmi lesquels la France. Les puristes crieront au scandale, prétextant que le whisky doit à la céréale ce que le vin doit au raisin ! Ce qui est excessif...

Néanmoins, la céréale participe aux arômes* et aux goûts* du whisky. Le maïs, céréale de base du bourbon apportera douceur au whiskey ; le seigle présent dans les rye* canadiens amertume ; l'orge, plus complexe, conférera sécheresse ou bien douceur selon que l'on utilise ou non de la tourbe* dans le processus de maltage*.

Clan

Le mot « clan » est issu du gaélique « *clann* » qui signifie « enfant » ou « descendance ». Au départ il ne s'appliquait qu'à la famille d'un chef et aux collatéraux pouvant prouver un ancêtre commun. Par la suite, le clan s'est étendu à ceux qui reconnaissaient l'autorité de ce chef et se plaçaient sous sa protection. Leur histoire est étroitement liée à celle de l'Écosse* et en particulier à celle des Highlands*.

Les premiers clans dateraient du XIe siècle. Système administratif à ses débuts, la séparation en clans permettait de recenser la population. Avec le temps les clans forgèrent leurs différences et firent naître des rivalités. Les clans moins puissants se rallièrent aux clans dominants qui, à l'inverse, purent se subdiviser parfois. Ainsi, le célèbre clan des MacDonalds qui se proclamèrent Lords des îles donna naissance aux MacDonalds de Clanranald et de Glencoe.

Le tartan (du français tiretaine), étoffe de laine à larges carreaux de couleurs, était leur signe distinctif. On dénombrait au total plus d'un millier de variantes qui permettaient de distinguer les clans.

En 1579 le parlement écossais vota une loi réservant le droit de distiller aux familles nobles du pays. C'est aux clans qu'il accordait de facto ce privilège. En 1707, suite au rattachement de l'Écosse à la couronne britannique, la plupart des clans des Highlands se rebellèrent. Entre autres représailles, le gouvernement édicta une loi interdisant aux clans le port du tartan et du kilt, la tenue vestimentaire des Highlanders. Cette page sombre de l'histoire écossaise fut tournée en 1782, avec l'abrogation de la loi.

À l'aube de l'ère moderne les clans commencèrent à se pacifier. Aujourd'hui, loin d'être tombés en désuétude, en raison notamment de mouvements indépendantistes, les clans ont retrouvé une seconde jeunesse, et tout en Écosse est désormais prétexte à témoigner son appartenance à un clan : le tartan, le kilt, etc.

Club

La société de consommation, le développement des grandes surfaces et la surmédiatisation ont banalisé certains produits dits « de luxe ». En contrepartie, ce phénomène a éveillé la curiosité du consommateur. Le whisky et en particulier les malts* d'Écosse* n'échappent pas à cette règle. Des clubs réunissant néophytes et connaisseurs se sont créés au début des années 1980 pour répondre à la demande croissante d'information et de formation. On assiste de plus en plus souvent à l'éclosion de clubs confidentiels dont la raison première est le plaisir d'une dégustation* partagée entre amis. Fonctionnant presque tous sur le même modèle, ils réunissent

Cecil Aldin,
Le Repas de chasse.
Angleterre, début
du XXe siècle.
Coll. part.

leurs membres autour d'un, voire plusieurs whiskies sélectionnés en fonction de leurs caractéristiques. Ces réunions donnent généralement lieu à des discussions passionnées et courtoises sur les mérites et les défauts de tel ou tel whisky.
Certains clubs, telle la Scotch Malt Whisky Society (Édimbourg), privilégient un style de whisky. D'autres au contraire sont plus généralistes. La plupart sont à but lucratif, hormis certains clubs corporatistes comme le très prestigieux club écossais des Keepers of the Quaich (Beaconsfield) qui rassemble les professionnels du Scotch whisky du monde entier. Ses membres sont intronisés en Écosse à l'occasion d'immenses banquets. Des clubs similaires existent aux États-Unis* : The Kentucky Bourbon Circle (Clermont) réunit comme son nom l'indique les amoureux du bourbon*.

Une distillerie,
v. 1900.
Lithographie.
Paris,
bibliothèque des
Arts décoratifs.

COFFEY (AENEAS)
La révolution du patent still

En 1831, Aeneas Coffey, un Irlandais d'origine française, mit au point un alambic* permettant la distillation* en continu d'alcool de grain*. Ce fonctionnaire des douanes à la retraite venait de perfectionner le *patent still*, un brevet déposé quelques années plus tôt par un célèbre distillateur des Lowlands*, Robert Stein. Son invention allait révolutionner l'industrie du whisky.

Aeneas Coffey la proposa tout d'abord aux Irlandais qui la rejetèrent considérant que les whiskies produits à partir du *patent still* manquaient de caractère. Mais les Écossais – et notamment l'un d'entre eux Andrew Usher*, le précurseur des blends* – virent dans ce nouveau procédé la possibilité de produire en grande quantité et à bas prix des alcools moins typés que les malts* qui leur permettraient de conquérir les marchés anglais et étrangers. Les résultats allèrent bien au-delà de leurs espérances. Le *patent still*, en contribuant à l'essor des blends écossais, finit d'asseoir la suprématie du scotch* sur son rival irlandais.

Collection

Les whiskies font l'objet de collections, au même titre que les timbres, les pièces ou les œuvres d'art. Le collectionneur de whisky n'est pas le buveur invétéré que l'on pourrait imaginer ; il est doté d'un sens aigu du détail : un simple changement du nom de l'importateur ou de la couleur de l'étiquette* lui suffit pour se mettre en quête. Le packaging* a son importance et tout est prétexte à collection : les bouteilles évidemment, mais aussi les étiquettes, les boîtes en métal, les verres* de marque, les mignonnettes...

Le collectionneur de mignonnettes est très certainement le plus répandu. Collectionner des bouteilles en modèle réduit requiert moins de place et constitue en principe une passion peu onéreuse. Bien que certaines mignonnettes atteignent quelques milliers de francs !

Les marques ont bien sûr leur importance et toutes n'ont pas la même valeur aux yeux des collectionneurs. Ainsi Jack Daniel's* dans les Tennessee* whiskeys* ou bien encore Macallan dans les malts* sont particulièrement recherchées. Certaines bouteilles de vieux Macallan se négocient à plus de cinquante mille francs dans certaines ventes aux enchères. Les collectionneurs des quatre coins du monde se connaissent et se côtoient. Des clubs* de collectionneurs se sont même créés. L'un d'entre eux, le Mini Bottle Club, réunit les collectionneurs

Le Canny Man's, Édimbourg.

de miniatures de whiskies et d'autres spiritueux* du monde entier.

Conservation

Contrairement au vin, le whisky, une fois mis en bouteille, n'évolue plus. Cependant, il est conseillé de prendre quelques précautions pour lui assurer une longue vie. La première règle à respecter est de maintenir les bouteilles de whisky debout afin que l'alcool ne soit pas au contact du bouchon. On l'éloignera aussi de toute source de chaleur afin d'éviter l'assèchement du bouchon qui laisserait alors pénétrer l'air dans la bouteille. Une question que l'on se pose souvent et qui divise les amateurs concerne l'usage ou non de la carafe. D'un point de vue esthétique, il est indéniable que la mise en carafe permet de mettre en valeur les différentes nuances de couleur* d'un whisky. De plus, la carafe fait partie d'un cérémonial et donne toute sa signification au geste d'offrir un whisky. Pour les puristes, l'usage de la carafe a pour effet de durcir le whisky en l'exposant de façon excessive à l'air ambiant. Un whisky jeune supportera moins bien la carafe qu'un vieux whisky, ce dernier ayant déjà subi une oxydation par des années de vieillissement* en fût*.

Conserver un whisky jeune en bouteille et mettre en carafe un vieux whisky réunit à la fois l'esthétique et le plaisir de la dégustation*.

Consommation

Le blended* scotch*, avec près d'un milliard de bouteilles vendues en 1995, est le whisky le plus consommé dans le monde. Les États-Unis à égalité avec le Royaume-Uni en sont les plus fervents amateurs, devant l'Espagne, la France et le Japon. Vient ensuite le whiskey* américain dont près de 50 % des 400 millions de bouteilles vendues en 1995, l'ont été aux États-Unis*, loin devant le Japon, l'Allemagne et l'Australie.

Le whisky canadien arrive en troisième position avec 300 millions de bouteilles vendues en 1995 dont 225 millions aux États-Unis et 45 millions au Canada*. On trouve ensuite les single* malts et les Irish whiskeys à égalité avec environ 40 millions de bouteilles vendues en 1995.

La France est le premier consommateur de malts* au monde devant le Royaume-Uni et l'Italie.

La République d'Irlande* consomme 20 % du whiskey qu'elle produit, le Royaume-Uni, les États-Unis et la France en absorbent environ 30 %.

D'autres pays producteurs tels que le Japon*, l'Inde, le Brésil ou la Thaïlande consomment la quasi-totalité de ce qu'ils produisent. Véritables whiskies pour certains ou simples ersatz pour d'autres, il s'en est vendu plus de 500 millions de bouteilles en 1995.

En dix ans, ce sont eux qui ont le plus progressé (100 %), avec les malts (33 %), les Irish whiskeys (30 %) et les blended scotch (5 %). Durant la même période la consommation de whiskeys américains stagnait tandis que les ventes de whiskies canadiens chutaient de 20 %.

Les Marx Brothers dans *Une nuit à l'Opéra*, film de Sam Wood, 1935.

Convivialité

De tout temps, le whisky a été source de convivialité même si la manière de le consommer a beaucoup évolué. Dans un premier temps, le whisky, notamment du fait de la distillation* clandestine, allait contribuer à forger l'identité nationale des pays où il était produit. On distillait et on consommait l'uisge* beatha certes pour le plaisir de se retrouver, mais également en réaction aux lourdes taxes* imposées par les pouvoirs en place. Plus tard quand les premiers colons irlandais et écossais arrivèrent sur ces immenses territoires qui allaient devenir les États-Unis* et le Canada*, ils commencèrent immédiatement à produire du whisky, afin de perpétuer la tradition et l'esprit de clan*.

À la fin du siècle dernier, l'essor considérable des grandes marques de blends* allait modifier les habitudes de consommation*. En raison de leur succès auprès de la haute société londonienne, ces whiskies franchirent aisément les portes des clubs* privés. Si la convivialité était toujours de mise, elle revêtait un aspect plus mondain. Dans les années 1950 et 1960, tout en conservant son image d'apéritif chic, le whisky se démocratisa pour devenir l'alcool incontournable que l'on connaît. Depuis quelques années le whisky fait l'objet d'un véritable engouement auprès d'amateurs de plus en plus nombreux. La consommation se transforme parfois en véritable dégustation*. On s'invite entre amis à passer un bon moment autour d'un vénérable single* malt ou d'un vieux bourbon*.

Couleur

Le whisky offre un formidable éventail de couleurs allant de l'incolore ou presque, à l'ambre violacé, et décline toutes les nuances de jaune, d'or et d'ambre.

L'alcool qui sort de l'alambic* étant incolore, c'est au cours du vieillissement* que le futur whisky prend des couleurs. Le type de fût* utilisé joue un rôle prépondérant. Ainsi le vieillissement en fût de chêne neuf pratiqué pour les bourbons* procure très rapidement de la

New spirit encore incolore sortant de l'alambic.

couleur au whiskey* qui, dès l'âge* de 2 ans, possède une teinte légèrement ambrée. L'élevage en fûts de sherry permet d'obtenir une gamme de couleurs allant de l'or aux reflets ambrés s'il s'agit d'un fût de sherry fino, à l'ambre le plus foncé dans le cas d'un fût de sherry oloroso. L'utilisation de fûts ayant contenu du bourbon, pratique courante en Irlande* et en Écosse*, donne une couleur jaune doré intense ; l'emploi de fûts usagés produit des whiskies clairs, dont l'intensité dépasse rarement les jaunes soutenus ; les fûts ayant contenu du porto confèrent même au whisky des reflets roses. L'adjonction de caramel est une pratique licite assez souvent employée pour teinter les blends* courants. Cette pratique n'a que très peu d'influence sur le goût* et procure au whisky une couleur ambrée artificielle (ill. p. 42).
Le verre transparent utilisé pour la plupart des bouteilles laisse admirer les différentes nuances de ton. Certains whiskies ambrés évoquent une symphonie de couleurs automnales, tant les nuances de jaune, vert, marron sont subtiles. Le vocabulaire* employé pour définir les couleurs d'un whisky est infini : vin blanc, jaune paille, jaune vif, or clair, or vif, or à reflets verts, or sombre, bronze, ambre clair, ambre moyen, ambre foncé, brun doré, brun rougeâtre...

Craig (Elijah)

À l'évidence, religion et whisky ont fait parfois bon ménage. En Irlande*, saint* Patrick aurait introduit l'art de la distillation* dès le Ve siècle.
En Écosse*, le pasteur Magnus Eunson* fut le contrebandier le plus célèbre au XVIIIe siècle. Enfin, pour de nombreux historiens, le pasteur baptiste américain Elijah Craig serait à l'origine du bourbon*.
Né en Virginie, Elijah Craig (1743-1808) vint s'installer dans le Kentucky* en 1786. Trois ans plus tard, il distillait pour la première fois un whiskey* à partir de maïs, s'inspirant d'un alcool élaboré par les Indiens, le Nohelick. Il fut également le premier à utiliser un mélange de maïs, d'orge et de seigle ainsi que des fûts* de

chêne brûlés pour la fabrication de son whiskey.
Craig créa par la suite une distillerie à Georgetown et le bourbon qu'il produisit fut considéré comme le meilleur des États-Unis*. En 1795, il fut condamné à payer une amende de $140 pour production de whiskey sans licence*. Après cet épisode, on n'entendit plus parler de Elijah Craig jusqu'à sa mort en 1808.
À la fin du XIXe siècle, les producteurs américains se plaisaient à rappeler l'histoire de ce pionnier. Quelle meilleure caution morale pouvaient-ils trouver que celle d'un religieux pour faire taire les prohibitionnistes qui commençaient à se manifester ? Afin d'immortaliser ce personnage emblématique, la distillerie Heaven Hill baptisa l'un de ses whiskeys Elijah Craig.

Daniel (Jack)

Jack Daniel (1846-1909), abandonné par ses parents à l'âge de cinq ans, fut élevé par un couple de fermiers distillateurs, Dan et Mary Jane Call, dans le comté de Lincoln. C'est là que « Little Jack » (surnom qu'il devait à sa petite taille) aurait appris l'art de la distillation* auprès d'un esclave du nom de Nearest Green.
Vers 1860, Dan Call lui céda sa distillerie. Jack Daniel racheta des terres près de Lynchburg, dans le comté de Lincoln, et créa officiellement la distillerie Jack Daniel en 1866. On raconte qu'Alfred Eaton mit au point un procédé de filtrage propre aux Tennessee* whiskeys* à l'endroit même où la distillerie vit le jour. Car le Jack Daniel's n'est pas un bourbon* mais un Tennessee whiskey.
Aidé par son neveu, Lem Motlow, Daniel développa la commercialisation de son whiskey qui en 1904 gagna une médaille d'or lors d'une exposition en Louisiane. Ensuite, la marque s'internationalisa et ne cessa d'accumuler les récompenses.
À la mort de Jack Daniel en 1909, son cousin Dick Daniel et Lem Motlow reprirent le flambeau.
En 1910, le Tennessee fut proclamé État « sec » (il était interdit de produire du whiskey mais non de le consommer), ce qui provoqua la fermeture de la distillerie jusqu'en 1938. Jack Daniel fut rachetée par le groupe de spiritueux* Brown-Forman mais la famille Motlow continue à diriger la distillerie.
Il existe deux versions de ce whiskey : l'étiquette* verte non

disponible en Europe et l'étiquette noire. Toutes deux arborent fièrement un n° 7 dont l'origine reste un mystère. Certains disent que ce serait en hommage à un ami qui possédait sept magasins.
D'autres pensent que c'est en souvenir de sept fûts* égarés et finalement retrouvés. Cette énigme fait partie du mythe Jack Daniel's qui séduit de nombreux collectionneurs* à travers le monde.

DCL

La création, le 24 avril 1877, de la Distillers Company Limited (DCL) devait imprimer un tournant décisif à l'histoire du whisky écossais.
Cette société composée de négociants* et de distillateurs réunissait à l'origine les maisons Haig, Dewar's, Buchanan, Johnnie Walker* et White Horse. Son code déontologique reposait sur la production de whiskies de qualité.
Sous l'impulsion de son très jeune directeur, William H. Ross, la DCL racheta les maisons de négoce et les distilleries mises en difficulté par les crises successives de l'industrie du whisky au début du siècle : l'augmentation des taxes*, la prohibition* et les deux guerres mondiales. En 1927 la DCL était devenue propriétaire des principales marques de blends* et d'un tiers des distilleries écossaises. Après la seconde guerre mondiale le leadership de la DCL se confirma. Quatre de ses marques, Johnnie Walker, Dewar's, Cutty Sark et J&B représentaient près de la moitié des ventes mondiales de scotch* au début des années 1960.
Vers 1980 la récession toucha durement la DCL devenue vulnérable au point d'être rachetée en 1986 par le groupe Guinness. Ce dernier entreprit de relancer les ventes de la DCL devenue United Distillers. En 1988 le lancement d'une gamme de six single* malts baptisée les Classic Malts allait connaître un succès considérable. Fort de cette réussite, le groupe United Distillers ne cesse d'innover tout en continuant à conquérir de nouveaux marchés grâce à ses marques de blends*, source intarissable de profits.

Pages précédentes : Chais de la distillerie Jack Daniel (Tennessee, États-Unis).

DÉGUSTATION : UN MOMENT PRIVILÉGIÉ

Sans tomber dans une solennité excessive, un certain cérémonial accroît le plaisir de ce moment privilégié. La dégustation commence par l'examen de la couleur* du whisky. Vient ensuite l'analyse olfactive pour laquelle il est recommandé d'ajouter un peu d'eau plate afin de développer les arômes*. Un verre* légèrement fermé et d'un volume suffisant permet de mieux profiter de cet instant. À l'inverse du vin, il ne faut pas agiter son verre pour apprécier les qualités aromatiques d'un whisky. La première impression permet d'en révéler les arômes dominants, puis un examen plus approfondi mettra en valeur toute sa complexité.

Arrive alors le moment de goûter le whisky. La température idéale se situe aux alentours de 18 à 20° C. Plus fraîche, elle masque les arômes tandis qu'une température trop élevée fait ressortir l'alcool. Le whisky doit être conservé en bouche quelques instants afin de bien imprégner le palais des différents goûts. La première impression concerne les goûts primaires (sucré, salé, acide, amer). Puis, progressivement, les goûts de fruit, de fleur, d'épice... vont faire leur apparition. L'impression finale pourra être de courte durée ou se prolonger plusieurs minutes.

À quel moment consommer un whisky, et quelles alliances* peut-on créer ? Tout dépend du whisky. Les whiskies légers et fruités, s'ils sont allongés d'un peu d'eau, conviennent très bien à l'apéritif. Les whiskies tourbés*, vieillis en fût* de sherry, les grands bourbons* et à plus forte raison les cask* strength whiskies sont conseillés en fin de repas. Enfin, la glace emprisonne les arômes et masque les saveurs. Boire le whisky sans glace est la condition expresse pour que sa dégustation soit, pleinement, source de convivialité*...

Distillation

La distillation, quatrième étape de la fabrication du whisky, consiste à transformer les céréales broyées et fermentées* en un alcool à fort degré. Deux types d'alambic* sont utilisés : le *pot still* ou distillation en discontinu et le *patent still* ou *Coffey still* (distillation en continu). Pour les purs malts* (orge maltée), la distillation s'effectue dans des *pot still*. Le *wash* est envoyé dans un premier alambic, le *wash still*. Celui-ci est chauffé soit directement à feu nu soit à la vapeur. Sous l'effet de la combustion, les vapeurs d'alcool se dégagent du *wash*. Une fois condensées, elles produisent un distillat, appelé *low wines* (petits vins) qui titre 28 %.

La seconde phase de la distillation commence alors : les *low wines* passent dans un coffre à alcool en verre, le *spirit safe*, afin de permettre au distillateur de contrôler la pureté de l'alcool et d'éliminer les têtes (*foreshots*) et les queues (*feints*) de distillation. Seul le cœur de distillation (*middle cut*) sera dirigé vers le second alambic, le *spirit still*. Les *foreshots* et les *feints* seront redis-

tillés avec la charge suivante de *low wines*. L'alcool provenant du *spirit still* titre en moyenne 68 % et sera ramené à environ 63,5 % par addition d'eau* de source de la distillerie pour être ensuite mis à vieillir en fût*.
Certaines distilleries pratiquent une triple distillation. Par exemple, pour le Springbank, célèbre single* malt de Campbeltown*, on distille les *foreshots* et les *feints* dans un troisième alambic et on incorpore l'alcool ainsi obtenu à celui issu du second alambic. Le *patent still*, lui, produit tant qu'on l'alimente en grain fermenté et en vapeur, ce qui permet une distillation en continu à très fort rendement. Les alcools de grain*, comme les whiskeys* américains, sont distillés avec le *patent still* ou alambic de Coffey*. Enfin pour la distillation de certains de ses whiskeys, la distillerie Midleton* en Irlande associe *pot still* et *patent still*.

Contrôle de la pureté de l'alcool dans le *spirit safe*.

Double page suivante : Torrent près de Cluanie Bridge, (Highlands, Écosse).

EAU : À LA SOURCE DU WHISKY

Water, fire and time… L'eau, le feu et le temps sont les trois éléments indispensables à la fabrication du whisky. Mais l'eau est celui sans qui les autres n'auraient aucune raison d'être. La création des distilleries est étroitement liée à la présence d'une source d'eau, une rivière, un ruisseau, voire une chute d'eau pour certaines distilleries situées au pied des montagnes.
L'eau favorise tout d'abord la germination de l'orge (voir Maltage). Elle intervient ensuite dans la composition même du whisky, dans la proportion de trois quarts d'eau pour un quart de céréales*. L'eau permet enfin de réduire la force alcoolique du whisky avant la mise en bouteille.
La nature de l'eau influe directement sur la qualité du whisky produit. L'eau légère mais tourbée* utilisée dans l'île écossaise d'Islay* donne naissance à des whiskies plutôt lourds. À l'inverse, l'eau cristalline du Speyside* et du nord des Highlands* produit des whiskies légers. Bien sûr, l'Écosse* ne possède pas le monopole de la qualité de l'eau. S'il y a deux siècles, le Kentucky* fut adopté comme terre d'élection du bourbon* c'est, entre autres raisons, pour la pureté de son eau. Au Japon*, aux abords de Kyoto, la vallée de Yamazaki dont le nom d'origine *Minaseno* signifie source d'eau, est réputée pour la pureté de son eau filtrée naturellement à travers les roches de granit du mont Kai-Komagatake, la montagne sacrée. C'est dans cette vallée que sont produits les meilleurs whiskies japonais.

ÉCOSSE

Le whisky est à l'Écosse ce que le vin est à la France ou le thé à la Chine. À l'image même du pays qui l'a vu naître, il possède une personnalité unique et de multiples facettes. Les splendeurs des lacs et des montagnes, l'aridité de certains des paysages au nord, la quiétude de la campagne au sud, enfin le caractère pittoresque des îles recouvertes de champs de tourbe* confèrent à l'Écosse, et à son scotch*, toute leur originalité.

Les premières traces de distillation* sont incertaines. Certains en attribuent la paternité aux premiers moines chrétiens venus d'Irlande*, qui débarquèrent sur la côte ouest au VIe siècle, d'autres n'hésitent pas à remonter à l'an 300 avant J.-C., alors que le pays était dominé par les tribus Pictes. Seule certitude, la première référence écrite ayant trait à la fabrication du whisky en Écosse date de 1494.

Malgré cette ancienneté et après des siècles de distillation clandestine, il fallut attendre le XIXe siècle pour que le scotch* prenne son essor. L'apparition des premières grandes marques de blends* et le dynamisme commercial de quelques négociants* allaient lui permettre d'asseoir sa suprématie, notamment sur son rival irlandais. Le succès rencontré par les blends dépassa rapidement les frontières du Royaume-Uni malgré les périodes de crises successives qui frappèrent l'Écosse et le reste du monde dans la première moitié du XIXe siècle.

La distillerie Tormore (Highlands-Speyside).

Quant aux purs malts*, l'autre grande famille de whiskies écossais, si leur existence remonte aux origines du scotch whisky, ils ont réellement fait leur apparition sur le marché vers la fin des années 1960. Plus typés que les blends, ils sont aux yeux des amateurs les plus nobles de tous les whiskies.

Les distilleries de malt sont disséminées à travers toute l'Écosse. Ceci explique en grande partie la diversité de goûts* et d'arômes* des whiskies qu'elles produisent, tant sont marquées les différences géologiques et climatiques d'une région à l'autre. Même lorsque deux distilleries voisines tirent leur eau* de la même source ou utilisent la même orge – et c'est le cas dans le Speyside* – leurs malts sont différents.

C'est à cette richesse et à cette diversité que le scotch doit d'occuper une place privilégiée dans le monde des whiskies. Certains n'hésitent pas à déclarer que l'Écosse est *le* pays du whisky.

ÉTATS-UNIS

Distillerie Maker's Mark à Loretto (Kentucky).

L'histoire des États-Unis est étroitement liée à celle de ses whiskeys*. Les premières distillations* attestées datent de 1640, trente-trois ans seulement après l'arrivée des colons anglais à Jamestown (Virginie).

Les famines successives qui touchèrent l'Irlande* et l'Écosse* au début du XVIIIe siècle entraînèrent un exode massif vers l'Amérique. Les immigrants n'oublièrent pas d'emporter des petits alambics*, ceux-là mêmes qui leur servaient à produire l'uisge* beatha. Bientôt les États de Pennsylvanie, du Maryland et de Virginie devinrent célèbres pour leur alcool élaboré à base de seigle (rye*), le Monongahela, du nom d'une rivière traversant ces États. Par la suite le Bourbon* whiskey du nom d'un comté du Kentucky* et le Tennessee* whiskey, tous deux élaborés à partir de maïs allaient révolutionner l'histoire du whiskey américain.

Après la guerre de Sécession (1861-1865) l'esprit d'entreprise de distillateurs tels que Jack Daniel*, Jim Beam ou George Dickel donna naissance à une véritable industrie du whiskey, que la prohibition* et les deux guerres mondiales mirent en péril.

Paradoxalement, les conséquences de la Seconde Guerre mondiale relancèrent le whiskey américain moribond. On l'exporta pour les soldats américains présents en Europe et en Asie. Ce whiskey immortalisé par les westerns (voir Littérature* et cinéma) se forgea alors une identité.

Aujourd'hui, il souffre malgré tout d'un manque de reconnaissance de ses atouts spécifiques. Le développement récent de whiskeys de qualité supérieure, les small batch et les single barrels (voir Single* casks), provoquera peut-être le déclic tant attendu.

Il est parfois reproché au whiskey américain son fort goût* de caramel dont l'origine est parfois suspectée. Or l'utilisation de caramel est totalement proscrite aux États-Unis ; ce qui n'est pas le cas en Écosse* ou en Irlande*. Au-delà de ce goût et d'un boisé persistant, on trouve dans les whiskeys américains une large palette aromatique et gustative. Ils sont notamment marqués par des goûts de fruits (banane, citron, myrtille, pêche, orange...), d'oléagineux (noix, noisette, noix de cajou...), d'épices (cannelle, clou de girofle...) et parfois même de tabac (nicotine, cigare...).

Étiquette pour un whisky écossais, v. 1880. Paris, bibliothèque des Arts décoratifs.

Étiquette

L'étiquette est la carte d'identité d'une bouteille de whisky. On y trouve les mentions habituelles précisant l'origine (Scotch*, Irish, American, Canadian...), le type de whisky (bourbon*, blend*, malt*, rye*...), et l'âge* (avec ou sans millésime). Certaines indications plus spécifiques nécessitent des explications. Pour avoir droit à l'appellation scotch ou bourbon, le degré d'alcool ne doit pas être inférieur à 40 %. À l'inverse, un whisky titre rarement plus de 63 %. Certains whiskies comportent la mention « *proof* » (teneur en alcool). Aux États-Unis* un whiskey* à 100 *proof* correspond à un whiskey à 50 % d'alcool en France. Dans l'ancien système de mesure britannique, plus complexe, 100 *proof* équivaut à 57 %.
Certains whiskies à fort degré comportent la mention « *cask* strength* », preuve qu'ils n'ont pas été dilués à l'eau* de source de la distillerie. Ils proviennent parfois d'un fût* unique et l'on précisera alors « *single* cask* » ou « *single barrel* » ainsi que le numéro du fût et celui de la bouteille. Le volume est également une mention obligatoire. En Europe, 70 cl est la norme en vigueur. Aux États-Unis, c'est 75 cl qui prévaut. Enfin la mention « gage d'authenticité » (*bottled in, distilled and bottled in, genuine)* est l'assurance que le whisky a bien été distillé et mis en bouteille dans son pays d'origine. Les mentions pompeuses telles que « *superior* », « *very old* » ou « *original* » n'ont d'autre valeur que celle que veut lui donner le producteur ou le négociant*. La mention « sour* mash » est superfétatoire car, aujourd'hui, tous les whiskeys sont des sour mash.

Eunson (Magnus)

À l'instar des moines français, propriétaires de vignobles et excellents vinificateurs, certains pasteurs écossais ont largement contribué au succès du whisky. Vers la fin du XVIIIe siècle, Magnus Eunson, l'un des plus célèbres d'entre eux exerça la distillation* de façon clandestine dans les îles Orcades, au sein de la petite ville de Kirk-

wall, à l'endroit même où fut créée quelques années plus tard la distillerie Highland Park.
Ce personnage incarnait tellement le tempérament du peuple écossais avide de liberté que son nom était connu dans tout le pays. Il est vrai que Magnus Eunson sut toujours mystifier les agents des impôts, allant jusqu'à employer les stratagèmes les plus invraisemblables : on raconte qu'un jour il échappa de justesse aux forces de l'ordre en célébrant la messe devant un cercueil rempli de bouteilles de whisky !
L'histoire ne dit pas si le whisky l'aidait à trouver l'inspiration pour ses sermons, mais sa chaire était toujours occupée par une bouteille...

Exciseman. Voir Taxe

FABRICATION
Eau, feu et temps

Les whiskies sont fabriqués à partir de céréales*. Ils peuvent être élaborés à partir d'orge uniquement ou d'un mélange de plusieurs céréales. L'élaboration des whiskies purs malts* (orge exclusivement) s'effectue en cinq étapes, aussi importantes les unes que les autres.
Le maltage* correspond à la première étape. Cette opération consiste à faire germer le grain par humidification. On obtient un malt vert qui est alors séché et broyé en une farine grossière (malt concassé) : le *grist*.
Puis le brassage* par addition d'eau, permet de produire un moût, appelé également *wort*. L'amidon contenu dans le malt s'est transformé en sucres fermentables. Sous l'action de levures sélectionnées, les sucres entrent en fermentation* pour devenir de l'alcool : le liquide obtenu, le *wash*, titre 8 % d'alcool.
Intervient alors la distillation : on fait bouillir le *wash* ou moût fermenté (c'est maintenant une sorte de bière) dans un alambic* pour en extraire l'alcool. Le liquide ainsi obtenu sort de l'alambic à 68 % environ. Enfin le vieillissement* en fût* de chêne clôturera le cycle de production du pur malt. La formule « water, fire and time » (eau, feu et temps) à laquelle il faut ajouter l'air ambiant met l'accent sur le rôle joué par les éléments naturels. L'harmonisation de ces éléments n'est possible que par le travail de l'homme. Un pur malt révèle toujours l'homme qui l'a produit. C'est en cela qu'il devient une sorte d'œuvre d'art.
Pour la fabrication des blends*, on assemble whiskies de malt (orge) et whiskies de grain (maïs, blé, seigle, etc.) après la distillation ou au moment de la mise en bouteille.

Orge, maïs et seigle utilisés pour la fabrication des Tennessee whiskeys.

Fermentation du *wort*, distillerie Jack Daniel (Tennessee, États-Unis).

Fermentation

La fermentation, troisième étape de la fabrication du whisky, consiste à transformer les sucres en alcool.

Le *grist* mélangé avec de l'eau chaude donne naissance au *mash*, qui devient un moût (*wort*) à la fin du brassage* ; le *wort* est ensuite dirigé vers d'énormes cuves appelées *wash backs*. Ces cuves, traditionnellement en bois de pin d'Oregon, sont souvent en inox aujourd'hui. Plus faciles d'entretien, elles permettent un meilleur contrôle de la fermentation. Quelques distilleries restent cependant fidèles aux cuves en bois ; d'autres, après avoir essayé l'inox, reviennent aux cuves en bois en raison de leur meilleur échange thermique (avec le bois, la répartition de la chaleur est optimum). Le *wort* est ensuite levuré. Les levures sélectionnées sont de type *Saccharomyces Cerevisiae*. Elles permettent un départ en fermentation plus rapide et assurent le bon déroulement de celle-ci. Sous l'action des levures, la fermentation devient vite tumultueuse. Des agitateurs brassent le moût en permanence afin d'empêcher une montée en température trop importante. En aucun cas il ne faut dépasser 35°C à 37°C car les levures seraient alors inhibées et la fermentation arrêtée, avec les risques de développement bactériologique que cela comporte. À l'issue de la fermentation, qui dure entre 45 et 48 heures, les sucres sont transformés en alcool. Le moût fermenté (*wash*) ainsi obtenu titre 8 % d'alcool. Il s'agit ni plus ni moins d'une bière de malt. Ensuite le *wash* est convoyé dans des cuves de stockage (*wash chargers*), avant distillation*.

Fermentation du *wort*, distillerie Lagavulin (île d'Islay, Écosse).

FÛT
Du new spirit au whisky

À l'origine, les whiskies n'étaient pas vieillis en fûts. Ils étaient consommés immédiatement après distillation*. C'est par hasard et grâce à la perspicacité de certains producteurs que les fûts destinés jusqu'alors au transport de marchandises furent utilisés pour faire vieillir l'alcool nouvellement produit, le *new spirit.* Cette pratique ne devint systématique que vers la fin du XIXe siècle.

Les fûts apportent couleur*, rondeur et moelleux au whisky. L'intensité de la couleur, des arômes* et des goûts* est ensuite fonction de l'âge des fûts. Dans le meilleur des cas, un fût pourra servir à trois reprises, à moins que la loi ne l'interdise. En ce qui concerne les bourbons*, il ne peut s'agir que de fûts de chêne neufs. De plus, l'intérieur doit être brûlé avant le remplissagc. Les fûts de bourbon une fois vidés ne sont pas perdus pour tout le monde. Généralement expédiés dans les distilleries d'Écosse* et d'Irlande*, ils sont utilisés pour faire vieillir le whisky. Les fûts ayant contenu du sherry de type fino, amontillado et oloroso, provenant des Bodegas andalouses, ont le même destin. Pour le vieillissement de la plupart des whiskies, excepté le bourbon, on utilise communément trois types de fûts : les *hogsheads,* des fûts reconditionnés d'une capacité de 250 à 305 litres faits à partir de lattes de bois provenant de fûts de chêne neufs et de fûts ayant contenu du bourbon ; des *barrels,* ayant contenu du bourbon d'une capacité de 173 à 191 litres ; des *sherry butts,* d'une capacité de 500 litres, ayant contenu du xérès pendant au moins quatre ans. Ces derniers représentent environ 5 % des fûts utilisés. On a recours depuis peu à des fûts ayant contenu du porto, du madère, du rhum et même du vin.

Chais de la distillerie Royal Lochnagar (Highlands, Écosse).

George Smith. Portrait anonyme. Coll. part.

À droite : *Le Duc George Gordon* par George Sanders. Goodwood Collection

Glenlivet

Avant même la création d'une distillerie légale, la réputation de Glenlivet, la vallée de la Livet, célèbre rivière du Speyside*, en Écosse, n'était plus à faire. Au début du XVIIIe siècle plus de deux cents alambics* y produisaient de façon clandestine du whisky.

Les *excisemen** avaient les plus grandes difficultés à convaincre les clandestins de l'immoralité de leurs actes car tous savaient le roi George IV grand amateur de whisky pourtant illicite. Sous l'impulsion du duc de Gordon, propriétaire terrien de la région, le gouvernement vota l'Excise Act de 1823 pour légaliser la distillation*. Cette loi adoptée, le duc encouragea George Smith, l'un de ses métayers, à construire une distillerie légale à Upper Drumin qui s'appropria le nom de Glenlivet. Elle fut reconstruite en 1858 à Minmore, en plein cœur de la vallée de la Livet. Indépendante jusqu'en 1935, Glenlivet fut rachetée par le groupe canadien Seagram en 1978.

De nombreuses distilleries ayant utilisé le nom de Glenlivet – ce qui pouvait prêter à confusion – un décret de 1880 reconnut le privilège de cette appellation à la distillerie de Minmore. Les autres distilleries eurent cependant le droit d'utiliser Glenlivet comme un suffixe à leur nom.

Le whisky issu de la distillerie Glenlivet est fin et délicat au même titre que les deux autres whiskies de la vallée : Braes of Glenlivet et Tamnavulin.

Fardiers à vapeur transportant le whisky Glenlivet, v. 1920.

Goût

Les traditions et les lois sont à l'origine de goûts propres à chacun des pays producteurs. Le whisky canadien se signale par son fruité, sa légèreté, son moelleux ainsi que par une certaine amertume due à la présence importante de seigle (rye*) dans sa composition. Aux États-Unis* les whiskeys se caractérisent par une riche charpente, une douceur fruitée et des notes intenses de boisé, procurées par l'élevage en fûts* neufs fortement brûlés. Le goût de cuir est souvent évoqué. Le whisky japonais, inspiré du whisky écossais, n'en possède pas moins un goût personnel caractérisé par un léger fruité, des notes de fumé et une certaine sécheresse en fin de bouche. Le whiskey* irlandais décline pour sa part une belle fermeté et un fruité prononcé pouvant évoquer les fruits rouges. L'Écosse* propose des whiskies très différents d'une région à l'autre. C'est dans ce pays que l'on trouve la plus grande diversité de goûts. Des whiskies légers et fruités à ceux iodés et tourbés*, la palette gustative est infinie, le vocabulaire* pour la décrire aussi.

La perception gustative d'un whisky est rythmée par quatre moments importants : l'attaque en bouche, le milieu de bouche, la fin de bouche et enfin la finale. À cela il faut ajouter une cinquième étape qui tient plus de l'olfactif que du gustatif : quelques minutes après avoir bu un whisky, l'amateur perçoit un retour d'arômes* parfois très différents des précédents. Il s'agit du phénomène de rétro-olfaction. La liste des différents goûts répertoriés est très longue. En voici un bref aperçu : amande, anisé, baies, caramel dur, chocolat, clou de girofle, groseille, malt, noisette, pêche, poire, réglisse, tourbe, trèfle, violette...

Blender humant les échantillons de whiskies pour réaliser les assemblages, Dewar's (Écosse).

« En vérité, Jean Grain d'Orge est un héros sans pareil, plein de cœur et d'audace ; pour peu que vous goûtiez de son sang, il allumera votre courage. »

Robert Burns, *La Boisson écossaise.*

Grain (single)

Les whiskies écossais les plus méconnus sont les single grains. C'est qu'ils sont rarement embouteillés en tant que tels et servent surtout à la fabrication des blends*. Les single grains proviennent d'une seule distillerie. Ils sont composés à 85 % de maïs et d'orge non maltée auxquels s'ajoutent parfois du seigle et du blé. Ces céréales* broyées à l'état de farine grossière sont cuites afin de libérer l'amidon (voir Maltage). Une fois la cuisson terminée elles sont incorporées à un mélange d'eau* où trempe également une proportion de 15 % d'orge maltée ou de malt* vert (orge maltée non séchée), au choix. Après brassage* et fermentation*, la distillation* s'effectue dans des alambics* *patent still.* L'alcool obtenu titrant au maximum 94,8 % est d'une grande pureté mais d'un goût* assez neutre. Le vieillissement* va lui permettre d'acquérir son potentiel aromatique et gustatif. Les single grains se distinguent par leur légèreté et leur finesse. Ils peuvent servir idéalement d'introduction aux scotch* whiskies. Les principales distilleries qui proposent des single grains sont Invergordon, North British, Girvan et Cameron Bridge.

Highlands

Les Highlands (voir carte) constituent la plus grande région d'Écosse*, tant du point de vue de la superficie que du nombre de distilleries, si on y inclut le Speyside*. À l'extrême nord, les îles rocailleuses des Shetlands, paradis des oiseaux, contrastent avec la nature généreuse et les lacs des comtés de Perth au sud et d'Aberdeen à l'est. Au centre, la chaîne montagneuse des Grampians rivalise avec le Ben Nevis, à l'ouest, le plus haut sommet d'Écosse (1 344 m). Par temps clair, la vue porte jusqu'aux îles de l'ouest : Skye, Jura et Mull.
Les whiskies des Highlands sont tous élaborés au nord d'une ligne reliant Greenock (à l'ouest) à Dundee (à l'est).
Les Midlands, situés au nord de cette ligne, produisent des malts* légers, floraux avec parfois une trace de tourbe*. Les distilleries connues des Midlands sont Glenturret, savoureux pur malt aux arômes* d'amande, Edradour la plus petite distillerie d'Écosse, Aberfeldy, Blair Atholl et Tullibardine. À l'est, les malts sont équilibrés, à l'image du Royal Lochnagar près de Balmoral, la résidence d'été de la reine d'Angleterre. Puis le Nord des Highlands nous emmène d'Inverness près du Loch Ness aux îles Orcades. C'est là que sont élaborés le savoureux Highland Park aux arômes de tourbe et de bruyère et le Scapa, au malt plus léger et chocolaté. De retour sur le continent on découvrira Old Pulteney marqué par un élevage en fût* de manzanilla, Clynelish qui pourra se révéler très tourbé, Balblair et la très célèbre distillerie de Glenmorangie au malt d'une extrême élégance dont les Écossais raffolent. Enfin l'Ouest est surtout réputé pour ses whiskies des îles : Talisker sur l'île de Skye, un malt prestigieux aux notes marines et épicées ; Isle of Jura, un whisky plus léger et Ledaig, un malt fin et rare de l'île de Mull.

Île de Skye (Highlands, Écosse).

L'Irish whiskey*, le plus vieux whisky du monde ! La querelle alimente et alimentera toujours les conversations entre Irlandais et Écossais. Quoi qu'il en soit, chaque 17 mars, les Irlandais fêtent avec ferveur la Saint*-Patrick. La légende raconte que ce moine aurait introduit l'art de la distillation* en Irlande en 432.

L'invasion anglaise de 1170 permit au whiskey irlandais de sortir de ses frontières. À la fin du XVIIIe siècle le pays comptait deux mille distilleries, pour la plupart clandestines. C'est durant ce véritable âge d'or que furent créées les distilleries Jameson* et John Power*.

Mais à partir de 1832, s'amorça le déclin du whiskey irlandais, au profit des blends* écossais. Deux événements allaient accélérer ce déclin : la guerre civile de 1916 ferma les portes du marché britannique ; la prohibition* aux États-Unis* (1920-1933) interrompit les exportations de whiskey irlandais vers son principal marché.

Afin d'enrayer cette chute libre, la Cork Distilleries Company fusionna en 1973 avec le groupe Irish Distillers qui venait de racheter la distillerie Bushmills. En 1988 le groupe Pernod Ricard acquit Irish Distillers. Aujourd'hui, trois centres de distillation* existent en Irlande : Midleton* au sud près de Cork, Cooley au centre non loin de Dundalk et Bushmills*, la première distillerie officielle, en Ulster.

Les Irish whiskeys* sont pratiquement tous des blends*, mais à la différence des blended scotch*, le mélange est composé d'orge et de malt*. L'avoine, le seigle et le blé n'étant quasiment plus utilisés. Selon les marques, les proportions diffèrent.

La seconde particularité réside dans le type de distillation pratiquée. À Bushmills, le *wash* est distillé trois fois dans des alambics* *pot still* de taille moyenne. À Cooley, il est distillé deux fois comme en Écosse*, ce qui donne un alcool moins puissant. À Midleton, outre la triple distillation classique, certains whiskeys peuvent être distillés jusqu'à cinq fois, passant à la fois dans des alambics *pot still* et *patent still*.

Pour avoir droit à l'appellation Irish whiskey, l'alcool doit vieillir au minimum trois ans en fût. L'Irish whiskey est généralement vieilli dans des fûts de sherry ou dans des fûts ayant contenu du bourbon*. Les Irlandais se sont penchés avec soin sur la qualité du vieillissement*. Le parc de fûts a été rajeuni. La notion de millésime est même apparue pour leurs plus prestigieux whiskeys.

Connemara, v. 1890.

Portnahaven, île d'Islay, sud-ouest de l'Écosse.

Islay

Ce nom fait l'objet d'un véritable culte de la part des amateurs de single* malts. C'est en effet sur cette île que sont produits les whiskies les plus tourbés du monde. Islay, longue de 40 kilomètres, se trouve au large de la côte sud-ouest de l'Écosse*. Largement recouverte de la précieuse tourbe* employée pour le séchage du malt*, elle a compté jusqu'à huit distilleries et en possède encore cinq en activité.

Les eaux* de source qui les alimentent circulent dans les champs de tourbe, s'imprégnant de leurs arômes* et s'enrichissant encore de l'influence maritime (iode, embruns marins et sel répandus sur les sols). Ici plus qu'ailleurs, le rôle des éléments géologiques et climatiques est capital. Se verser un pur malt de l'île d'Islay, c'est capturer, dans son verre*, la puissance de l'Océan ...

Puissance aussi dans la consonance des noms des distilleries : Laphroaig, Lagavulin, Bruichladdich, Bunnahabhain, Caol Ila, Bowmore, Ardbeg.

La distillerie Port Ellen a cessé toute production en 1983, mais ses aires de maltage* continuent de servir aux autres distilleries de l'île. Quant à Ardbeg et à Bruichladdich, elles sont en sommeil, et donc susceptibles de se réveiller pour produire à nouveau, du jour au lendemain.

Jameson (John)

Les historiens s'affrontent aujourd'hui encore sur l'origine exacte de la distillerie Jameson* : John Jameson n'en serait pas le fondateur. On suppose que ce jeune homme d'origine

écossaise débarqua en Irlande* dans la région de Dublin vers 1770. Dix ans plus tard il racheta la distillerie de Bow Street à un certain John Stein et fonda la société John Jameson & Son. Ses deux fils John et William lui succédèrent, William dirigeant la distillerie voisine de Marrowbone Lane. Les Jameson transformèrent la société familiale en un véritable empire et la distillerie ne cessa de s'agrandir durant tout le XIXe siècle.
Le whiskey* produit à cette époque, considéré comme l'un des meilleurs d'Irlande, était distillé deux fois dans d'énormes alambics* *pot stills* pouvant produire un million de gallons de whiskey chaque année. Il fallut pourtant attendre 1963 pour qu'apparaisse sur le marché un whiskey portant le nom de la distillerie, le Crested Ten by John Jameson & Son. En effet toute la production était jusqu'alors destinée à des négociants* qui commercialisaient leurs whiskeys.
La marque Jameson fut lancée en 1968, deux ans après la fusion avec les sociétés Power's* et Cork Distilleries.
Trois ans plus tard, Bow Street ferma définitivement ses portes et la distillerie Power's fut chargée de la production du fameux Jameson, finalement transférée à Midleton* après que Power's eut également cessé son activité.
Au milieu des années 1980, en souvenir d'un merveilleux whiskey de 12 ans d'âge* produit à Bow Street, le Jameson 1780 fut commercialisé. Marqué par le sherry et les épices, ce whiskey ressemble à son glorieux ancêtre produit à Bow Street.

Fûts roulés vers les chais de vieillissement de la distillerie Jameson, Dublin, avant 1971.

JAPON

Distillerie Nikka à Yoichi (île d'Hokkaido).

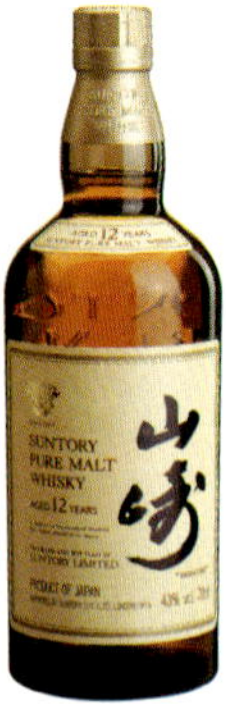

En soixante-dix ans, le Japon est devenu l'un des tout premiers pays producteurs et consommateurs de whisky au monde. Deux hommes sont à l'origine du whisky japonais, Masataka Taketsuru, né en 1894, et Shinjiro Torii, né en 1878, le fondateur de la société Suntory.
Alors qu'il poursuivait des études de chimie à l'université de Glasgow, Taketsuru se prit d'une telle passion pour le whisky qu'il apprit l'art de la distillation*. Marié à une Écossaise, il rentra au Japon en 1921 et fut engagé par Shinjiro Torii, un important viticulteur. En 1923, ce dernier fonda, avec l'aide de Taketsuru, la première distillerie du Japon dans la vallée de Yamazaki près de Kyoto. En 1934, Taketsuru créa sa propre société, Nikka, et installa sa première distillerie sur l'île septentrionale d'Hokkaido.
C'est toutefois au début des années 1950 que le whisky japonais prit son véritable essor. Actuellement, quatre groupes importants se partagent le marché : Suntory, Nikka, Sunraku Ocean et Kirin Seagram, le dernier-né.
Le whisky japonais s'inscrit en grande partie dans la tradition du whisky écossais. Les techniques de fabrication sont quasiment similaires et les distilleries japonaises importent des malts* d'Écosse*, destinés à l'assemblage de leurs blends*. Mais progressivement leurs whiskies ont acquis leur propre personnalité, grâce notamment à la qualité et la pureté exceptionnelles des eaux* de source, à la présence de tourbières sur le sol d'Hokkaido, à une technologie de pointe et à une compétence humaine de très haut niveau. Les whiskies japonais se distinguent par leur goût franc et malté, un fumé subtil et une certaine rondeur et douceur en bouche. Les Japonais dégustent leur whisky en y ajoutant beaucoup d'eau.
Entreprenants aussi à l'étranger, les Japonais se sont récemment signalés par le rachat de distilleries écossaises, parmi lesquelles Bowmore sur l'île d'Islay* et Tomatin au nord des Highlands*, la plus grande distillerie d'Écosse. Mais c'est au Japon que se trouve la plus grande distillerie au monde : Suntory Hakushu, dont la salle de distillation* comprend vingt-quatre alambics*.

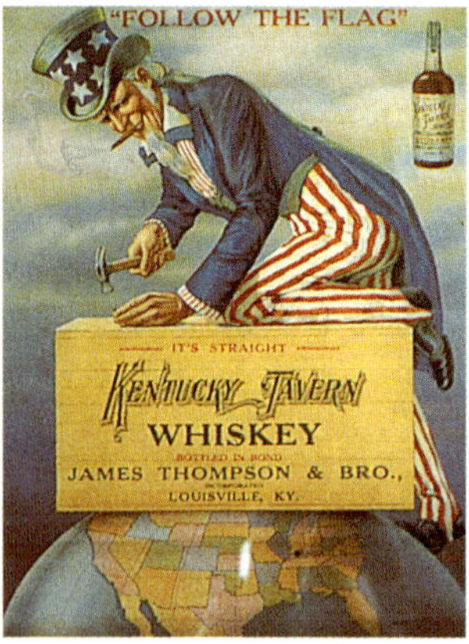

Kentucky

Le Kentucky est le pays du bourbon*, le plus célèbre de tous les whiskeys* américains. Contrairement à ce que l'on entend parfois dire, les bourbons ne sont pas obligatoirement élaborés dans le Kentucky même s'ils s'avèrent l'être tous aujourd'hui.

En 1769, le célèbre explorateur Daniel Boone entreprit la colonisation du Kentucky alors inhabité. Cette région devint officiellement le quinzième État de l'Union en 1792. Elle constitua une terre d'accueil pour les producteurs de whiskey de Pennsylvanie, de Caroline du Nord et de Virginie – où furent élaborés les premiers whiskeys. Ils fuyaient les taxes* imposées par George Washington pour financer les déficits d'une nation naissante.

Le Kentucky, parfois appelé la « région du granit », était tout désigné pour développer sur son sol l'industrie du whiskey. Les sols riches en phosphates sont propices à la culture des céréales* : maïs, blé ou seigle (rye*). L'eau* des rivières, riche en calcium, est d'une très grande pureté. Quant au climat très chaud l'été et froid en hiver, il favorise un vieillissement* optimal en fûts*. Enfin, la région est couverte de forêts où abondent les chênes servant à la fabrication des fûts.

Avant la prohibition* on y comptait plusieurs centaines de distilleries. Aujourd'hui, elles ne sont plus que neuf en activité : Ancient Age, Barton, Jim Beam, Bernheim, Early Times, Four Roses, Heaven Hill, Maker's Mark et Wild Turkey. Elles sont très proches les unes des autres, bordées à l'est par la ville de Frankfort, capitale de l'État, et à l'ouest par Bardstown et Louisville.

La distillerie Jim Beam, Frankfort (Kentucky, États-Unis).

Vue des kilns de la distillerie de Port Ellen (île d'Islay, Écosse).

Kiln

Si au détour d'un chemin vous apercevez un toit dont la forme fait penser à une pagode, ne soyez pas surpris, vous vous trouvez bien en Écosse* ! Les tours ainsi surmontées – les *kilns* – servent au maltage*.
Le *kiln* est constitué dans sa partie basse d'un four ouvert qui va permettre à la fumée du feu de tourbe* d'imprégner le malt* lors du séchage. (En Irlande* où la tourbe* n'est pas utilisée, le four est fermé.) Au-dessus du four se trouvent des planchers constitués traditionnellement de tuiles perforées destinées à laisser passer lentement la fumée. En partie haute, le toit du *kiln* est équipé de ventilateurs pour évacuer la fumée. L'absence de ventilateurs sur les toits des *kilns* de la distillerie Ardbeg n'est pas étrangère au goût* très tourbé de ce malt.
Aujourd'hui, peu de distilleries maltent elles-mêmes leur orge et les *kilns* sont de moins en moins utilisés. Certains ont même été classés monuments historiques, d'autres se sont transformés en coquettes résidences comme à Saint Magdalene, distillerie fermée des Lowlands*.

Pages suivantes : Distillerie clandestine, v. 1920 (États-Unis).

« – Ce sera le dernier ? dit-il. – Oh oui, absolument, répondit Little Chandler. – Très bien, dans ce cas, prenons-en un dernier en guise de deoc an doruis *– c'est bien comme ça qu'on dit un petit whisky dans l'idiome du coin, il me semble. »*

James Joyce, *Gens de Dublin.*

Licence

Très tôt taxée*, la distillation* du whisky a longtemps oscillé entre légalité et clandestinité. Jusqu'à la fin du XVIIIe siècle, la distillation clandestine fut largement dominante, tant en Irlande* qu'en Écosse*.

L'Irlande peut se prévaloir de posséder la plus ancienne distillerie au monde car, le 20 avril 1608, Sir Thomas Philipps, propriétaire de la distillerie Bushmills*, obtint une licence lui accordant le droit de distiller de l'eau-de-vie pour une période de sept ans. Mais il faudra attendre la création en 1780 de la distillerie Jameson* et celle de John Power en 1791 pour que le « whiskey* officiel » détrône le poteen*, alcool provenant de la distillation clandestine.

En Écosse la première licence fut accordée en 1690 par le parlement écossais à un certain Duncan Forbes of Culloden. Néanmoins la distillation clandestine continua à se développer. En 1780 on dénombrait dans la seule ville d'Édimbourg plus de quatre cents alambics* clandestins. Le Wash Act de 1784 puis l'Excise Act de 1823, grâce notamment à un allégement de la fiscalité, encouragèrent les clandestins à sortir de l'illégalité. En 1824, George Smith, le fondateur de Glenlivet*, obtint une licence, entraînant derrière lui de nombreux distillateurs des Highlands*.

Liqueur

Les liqueurs de whisky sont des mélanges de whisky et de compléments aromatiques, notamment des herbes, du miel ou bien encore des fruits. L'origine exacte de ces liqueurs reste floue. Il est cependant probable qu'elles furent créées accidentellement en même temps que les premiers whiskies. Les herbes ou le miel servaient alors à adoucir le goût* du jeune whisky parfois trop sec ou trop amer.

Drambuie, la liqueur de whisky écossaise la plus célèbre, aurait été offerte en 1746 par le prince Charles Edward Stuart à l'un de ses hôtes. Les deux autres grandes nations du whisky, l'Irlande* et les États-Unis*, ne sont pas en reste. L'équivalent irlandais du Drambuie est une liqueur baptisée Irish Mist. Mais l'Irlande est surtout réputée pour le Bailey's, une liqueur qui incorpore de la crème dans sa recette. Aux États-Unis, le Southern Comfort élaboré à partir de bourbon*, d'herbes aromatiques et de fruits (pêche, orange) est également très réputé.

À ceux auxquels la douceur de ces liqueurs peut sembler parfois excessive, il est conseillé de les boire « *on the rocks* » (avec de la glace). L'alliance* d'une liqueur de whisky et d'un chocolat à fort pourcentage de cacao procure également un moment de plaisir intense.

LITTÉRATURE ET CINÉMA
Chandler, Hemingway, John Ford...

C'est une chose bien injuste pour l'Irlande* et l'Écosse*, patries culturelles de l'uisge* beatha, mais Humphrey Bogart, dans le rôle du privé Philipp Marlowe, a certainement fait davantage pour l'image du whisky que tous les écrivains et poètes d'outre-Manche réunis. Robert Burns*, James Joyce et John Keats compris. C'est donc à la littérature américaine et à Hollywood que l'on doit d'avoir introduit le whisky dans l'imaginaire occidental. Il n'est pas un roman de Chandler, Faulkner, Fitzgerald ou Hemingway (pour ne citer qu'eux) où le whisky n'ait eu à calmer les angoisses existentielles de quelque personnage ; les héros de John Ford et d'Howard Hawks (que les autres me pardonnent), ne distillent jamais mieux leur virilité qu'en s'envoyant quelques lampées d'un infâme tord-boyaux de saloon.

Mais le whisky est aussi quelquefois l'ennemi désigné du héros : dans le film de Billy Wilder *Le Poison*, ou dans *Règlement de compte à O.K. Corral* de John Sturges, Ray Milland et Doc Holliday sont des hommes humiliés par le whisky. Dans *Une femme sous influence*, de John Cassavetes ou dans *Barfly* de Barbet Shroeder, d'après Charles Bukowski, le whisky est le catalyseur de la folie et du désespoir humain. Heureusement, tous les auteurs n'ont pas l'alcool triste ! Dans le film *La Femme modèle*, une comédie de Vincente Minnelli, l'histoire se noue autour d'une « cuite » carabinée contractée par Gregory Peck, et qui lui fait épouser Lauren Bacall... Dans le roman intitulé *Whisky galore* – dont fut tiré le film *Whisky à gogo* – Sir Compton Mackenzie conte l'histoire d'un chargement de whisky, échoué sur l'île de Todday, dans les Hébrides, qui permettra à ses habitants de recouvrer santé et fierté.

Humphrey Bogart dans *Casablanca*, film de Michael Curtis, 1943.

Lloyd George (David)

Si le whisky a de tout temps fait l'objet d'importantes taxations*, un homme peut se vanter d'avoir été son pire ennemi : le Gallois David Lloyd George (1863-1945).

En 1909, alors qu'il occupait le poste de chancelier de l'échiquier, Lloyd George fit voter une loi visant à augmenter de 33 % les droits sur le whisky afin de financer son plan de réformes sociales. Il profita de la Première Guerre mondiale pour accentuer ses mesures répressives à l'égard des distilleries. Sous sa pression, le degré d'alcool maximum fut tout d'abord ramené de 60 % à 37,5 %. Puis en 1918 les exportations de whisky furent interdites et les droits sur le whisky multipliés par deux. Lloyd George alla jusqu'à proposer une prohibition* absolue, mais contrairement à ses cousins d'Amérique il échoua dans sa tentative.

Cette législation mit très rapidement en difficulté financière la plupart des maisons de whisky. Seule la DCL* put faire face à cette situation désastreuse en rachetant les distilleries et les sociétés mises en péril.

Lloyd George mourut en 1945 à l'âge de quatre-vingt-deux ans, et le whisky continue, par bonheur, de couler des alambics...

Lowlands

Cette région qui occupe la partie sud de l'Écosse* (voir carte) est délimitée au nord par la ligne Édimbourg-Greenock, au sud par les monts Cheviot, frontière naturelle avec l'Angleterre. C'est une région au relief peu accidenté dont la campagne et les pâturages inspirèrent le poète Robert Burns*. Sir Walter Scott, autre écrivain célèbre, y séjourna quelques années.

On n'y recense plus aujourd'hui que trois distilleries en activité, Auchentoshan, Glenkinchie et Inverleven, alors qu'elles se comptaient par dizaines au siècle dernier. Fort heureusement, d'autres malts* des Lowlands sont encore disponibles auprès de négociants* indépendants, notamment Bladnoch, Ladyburn, Littlemill, Rosebank ou Saint Magdelene. Ces whiskies regorgent de fruité et de légèreté. S'il existe une logique de progression dans la découverte des malts écossais, il faut commencer par ces whiskies. L'utilisation de la tourbe* y est rare ou modérée et en dehors de quelques cuvées spéciales, la maturité est rapide, un vieillissement* de 10 ans en fût* étant généralement suffisant.

Par ailleurs plusieurs distilleries de grain* sont implantées dans la région et la quasi-totalité de leur production est destinée aux *blenders**. Les Lowlands comprennent également les deux plus grandes villes d'Écosse, Glasgow ville industrielle à l'ouest et Édimbourg à l'est, ville majestueuse construite autour d'un ancien volcan.

David Lloyd George par Sir William Orpen (1878-1931). Coll. part.

« Et toi Fortune, donne-moi seulement
des culottes sans trou, un pain,
un quart de whiskey
et force rimes pour jaser à loisir,
tu pourras me prendre tout le reste. »

Robert Burns, *La Boisson écossaise.*

MALT
Des whiskies 100 % orge maltée

Le malt est l'orge dont la germination est provoquée (voir Maltage). La notion de « pur malt » entretient une certaine confusion car cette appellation recouvre en réalité deux catégories de whiskies élaborées toutes deux à partir du malt.
La première catégorie concerne les purs malts qui proviennent d'une seule et même distillerie : il s'agit des single* malts. S'ils constituent l'aristocratie des whiskies écossais, cette mention est d'un usage assez récent. Le nom de la distillerie figure en général sur l'étiquette* de la bouteille.
La seconde catégorie concerne les purs malts qui proviennent de l'assemblage de malts de distilleries différentes. La mention « pur malt » est alors la plus souvent employée, mais d'autres désignations peuvent être utilisées, notamment vatted malt, malt Scotch whisky, etc. Le nom des distilleries n'est jamais indiqué sur l'étiquette*. Ces derniers, quoique souvent délaissés de nos jours, n'en présentent pas moins de l'intérêt. Ils sont élaborés à partir de malts de la même région ou à partir de malts de différentes régions. La célèbre maison Gordon & Macphail propose une gamme remarquable de purs malts (vatted malt) dont les plus réputés sont : Highland Fusiliers, Old Elgin, Pride of Strathspey, Pride of Islay*. Une formule résume parfaitement le sujet : tous les single malts sont des purs malts mais tous les purs malts ne sont pas des single malts.

Séchage de l'orge, malterie de Port Ellen (île d'Islay, Écosse).

Maltage

Le maltage consiste à provoquer la germination de l'orge. Cette opération a pour but de libérer l'amidon contenu dans le grain pour qu'il puisse être transformé par la suite en maltose (sucres) pendant le brassage*.
L'orge est plongée pendant deux ou trois jours dans un bac (*steep*) rempli d'eau* de source de la distillerie. Ensuite égouttée et étalée sur une aire de maltage (*malting floor*) à même la pierre, l'orge est retournée et remuée plusieurs fois par jour pour que sa germination soit homogène. Selon les régions, cette phase va demander entre huit et quinze jours. L'expérience prime alors car c'est en humant et en goûtant l'orge en cours de maltage que le malteur décidera du moment où il faudra interrompre la germination. Pour ce faire, le « malt vert » (car il s'agit désormais de malt*) va être séché. Son taux d'humidité est à ce stade de 50 % et l'amidon n'a été que partiellement transformé en sucres. Le séchage se déroule dans une sorte de four, le *kiln**. Les combustibles utilisés sont la tourbe*, le bois, le charbon, le gaz et même le fuel. Certaines distille-

ries pratiquent une combustion mixte. Dans tous les cas la cuisson est progressive pour éviter aux grains de griller, et la température ne devra pas excéder 70° C. Le séchage traditionnel dure entre deux et trois jours : le taux d'humidité de l'orge est alors descendu à 3 %.

Aujourd'hui, peu de distilleries maltent elles-mêmes leur orge. D'importantes malteries utilisent des procédés mécaniques, dont le procédé Saladin, inventé par un ingénieur français et souvent employé depuis les années 1960. Les défenseurs de la mécanisation estiment que le maltage se fait de façon plus contrôlée et régulière. Dans ces centres, le maltage ne dure que sept jours. En dehors de l'orge, d'autres céréales peuvent être maltées : les grains* entrant dans la fabrication des whiskies subissent après broyage une opération de cuisson à la vapeur sous pression (ou *cooking* en américain). Sous l'action de la chaleur, leur enveloppe de cellulose se dissout et libère l'amidon. Ils sont prêts pour le brassage.

Médicinal

Nous savons que les premiers moines distillateurs utilisaient l'uisge* beatha pour frotter les membres endoloris des animaux de trait. Rapidement, l'homme allait l'adapter à son propre usage et pas seulement pour se frictionner !

En 1505, afin de réserver l'alcool à des fins médicinales exclusives, le gouvernement d'Edimbourg accorda le monopole de la distillation* à la guilde des chirurgiens barbiers. En 1564, le chro-

niqueur célèbre, Holinshed, déclarait non sans humour que le whisky empêchait la moelle épinière de fondre et les os de faire mal. Si à cette époque le whisky était utilisé pour son pouvoir aseptisant et antalgique (notamment contre les rages de dents), des études plus approfondies ont montré depuis que la consommation* modérée de whisky aide à lutter contre les troubles cardiaques, la dysenterie, le choléra, la malaria, la fatigue, la dépression, etc.
Aux États-Unis* durant la prohibition* six distilleries produisaient un soi-disant « whiskey » médicinal délivré sur prescription... Aujourd'hui encore, à propos des whiskies tourbés* de l'île d'Islay*, on a coutume d'entendre qu'« ils ont un goût* de médicament. » De là à accréditer la thèse selon laquelle le whisky possède de réelles vertus médicinales...

Stockage des fûts à la distillerie Midleton (Irlande).

Midleton

Située au sud de l'Irlande* non loin de Cork, la ville de Midleton donne son nom à la plus grande distillerie du pays (voir carte). Ce véritable complexe de distillation* élabore des whiskeys à partir d'orge maltée et non maltée. Et, cas unique au monde, Midleton produit également des single* malts, des whiskeys* de grain* et des blends*. Elle dispose pour cela de deux types d'alambic* : des *pot stills* dans le plus pur style écossais et, plus surprenant pour l'Irlande, des *Coffey* stills*. Il y a deux cents ans, en mai 1796, un certain Marcus Lynch fit construire une filature de laine sur le site de l'actuelle distillerie.

Harry's Bar, Paris.

Vers 1820, Lord Midleton racheta le terrain qu'il revendit à ses trois frères James, Daniel et Jeremiah Murphy. Précurseurs en matière de concentration industrielle, ceux-ci regroupèrent en 1867 les distilleries de Cork (North Mall, The Watercourse, The Green, Daly) pour créer la Cork Distilleries Company.
Rien ne changea jusqu'en 1966, date à laquelle la Cork Distilleries Company s'associa à ses deux principaux concurrents, John Jameson* et John Power's* pour créer l'Irish Distillers Group. La décision fut alors prise de concentrer toute la production à Midleton. Une nouvelle distillerie vit le jour en 1975. Seuls témoignages du passé, les bâtiments de North Mall qui datent de 1779. Ils abritent les opérations d'assemblage du très prestigieux Midleton Very Rare, l'unique Irish whiskey millésimé.
Midleton produit également les whiskeys Jameson, Power's, Paddy, Hewitts, Dunphys, Redbreast, Green Spot et Tullamore Dew.

Négociant

À côté des whiskies dits « officiels » coexistent les whiskies embouteillés pour le compte de négociants. Les whiskies mis en bouteille pour le compte des distilleries sont les plus vendus dans le monde mais, en parallèle, des négociants (appelés « *independant bottlers* » en Écosse*) achètent des fûts* aux distilleries et procèdent eux-mêmes à la mise en bouteille.
Ils furent longtemps les seuls à proposer des single* malts,

A DE LUXE
HIGHLAND MALT SCOTCH
100% SCOTCH WHISKY
Old Scotch Whisky
JOHN CRABBIE & CO. LTD
LEITH, SCOTLAND
TAVERN
THREE FEATHERS
OLD FETTERCAIRN
SINGLE HIGHLAND MALT
SCOTCH WHISKY
75cl.
40% VOL.
Highland Nectar
De Luxe
BLENDED
SCOTCH
WHISKY
12
Speyside
Pure Malt
Scotch Whisky
YELLOWSTONE
SPECIAL RESERVE
LONG JOHN
SCOTCH WHISKY
HAIG'S

jusqu'au jour où les producteurs se rendirent compte du potentiel de ce marché. Malgré cette nouvelle concurrence, les négociants continuent à offrir un très large choix de malts*. Une organisation flexible leur permet de proposer régulièrement des nouvelles qualités et des séries limitées particulièrement appréciées des amateurs et de certains collectionneurs*.
Quelques négociants ont acquis une notoriété qui a largement dépassé les frontières. C'est le cas de Gordon & Macphail dont la spécialité est de faire vieillir certains fûts* dans ses propres chais. Cette maison possède également un stock unique au monde de fûts contenant des vieux whiskies. Deux autres sociétés, Cadenhead et Signatory Vintage, dominent l'activité de négoce qui compte plusieurs dizaines d'acteurs. Un négociant se reconnaît à l'étiquette* de plus en plus soignée qu'il appose sur ses bouteilles, où seul le nom de la distillerie diffère.

Dimple, John Haig Scotch Whisky. 12 ans d'âge.

Depuis quelques années, les négociants rencontrent des difficultés pour acheter des fûts. De plus, certains producteurs leur interdisent l'utilisation du nom des distilleries, oubliant leur rôle prépondérant dans le succès actuel des malts.
Souhaitons qu'ils parviennent à un accord et que le public puisse bénéficier encore longtemps de leur expérience et de leur esprit d'entreprise.

Jack Daniel's Tennessee Whiskey.

Packaging

Dimple est un blended scotch* célèbre pour sa bouteille triangulaire et ses trois facettes grillagées. Fidèle à cette bouteille depuis 1893, il fut un précurseur en matière de packaging. Un siècle plus tard, le marketing et le design ont révolutionné l'industrie du whisky et notamment la fabrication des contenants.
Certains producteurs de blends* ne reculent devant rien, et rivalisent même de mauvais goût et d'excentricité. Citons pêle-mêle un décanteur en forme de cloche ou bien une bouteille en grès symbolisant un moine dont la tête sert de bouchon.
Certaines bouteilles de malts*, moins fantaisistes, jouent dans un registre plus épuré ou plus précieux. Une carafe en cristal gravé contenant un Glenfiddich de 30 ans d'âge* possède en guise de bouchon une tête de cerf en argent qui fait atteindre des sommets au prix de ce malt de collection*. La tendance actuelle serait plutôt au style dépouillé et authentique. La gamme des Classic Malts, qui connaît un succès considérable depuis son lancement en 1988, doit sa réussite tant à la qualité de ses whiskies qu'au design particulièrement réussi des six bouteilles qui la composent. Une chose est sûre : le packaging fait vendre. Souhaitons seulement que les producteurs apportent autant d'attention au contenu qu'au contenant.

POTEEN
L'ancêtre du whiskey

D'origine irlandaise, le poteen (prononcez potchine) produit par les distillateurs clandestins dès le XVIIe siècle est en quelque sorte l'ancêtre de l'Irish whiskey.
Le jour de Noël 1661, les Anglais instaurèrent une taxe* sur chaque gallon de whiskey* produit. De ce jour date la distillation* illicite en Irlande* : il coïncide avec la création du poteen. Plus d'un siècle après cet épisode, le gouvernement anglais décida d'augmenter à nouveau les taxes* pour financer les guerres contre l'empereur Napoléon. La distillation clandestine atteignit alors son apogée malgré la répression très dure exercée par les *excisemen**. En revanche, elle ne put résister au lobby anti-alcool et à la reconversion de nombreux fermiers distillateurs en d'honorables propriétaires terriens.
À l'origine, le poteen était tout simplement un whiskey non vieilli en fût*. L'utilisation de la tourbe* permit d'accélérer le séchage du malt*. Puis, dans un souci de productivité, les clandestins se mirent à utiliser des pommes de terre comme substitut aux céréales*, ou de la mélasse et même des pommes afin d'accélérer le processus de fermentation*.
Les producteurs de ce type de poteen sont aujourd'hui très rares. Les nostalgiques pourront tout de même se consoler avec une version moderne du poteen, le Bunratty Potcheen, plus proche d'un gin que d'un whisky, dont la vente est toujours interdite en Irlande mais que l'on trouve en zone *duty free* et dans certaines boutiques spécialisées à l'export.

Double page suivante : mise en bouteille du whiskey. Distillerie Maker's Mark, Loretto (Kentucky, États-Unis).

Alambic irlandais peint par Sir David Wilkie (1785-1841). Édimbourg, National Gallery.

Power (John)
En 1976, la distillerie John's Lane, où depuis près de deux cents ans était élaboré le célèbre Irish whiskey John Power's, cessa toute activité. Le whiskey* subsisterait mais il serait désormais produit à Midleton*. Il ne reste plus aujourd'hui que quelques ruines et trois alambics* géants, souvenirs de ce passé glorieux.
Tout commença en 1791 lorsque James Power décida de transformer son auberge en distillerie. Son fils John l'aida à développer l'affaire qui prospéra à partir de 1823, année de l'allégement des taxes* et de la libéralisation des lois sur le whisky. Le succès de Power fut bénéfique à toute la région de Dublin. En reconnaissance de sa contribution à la ville, John Power fut tout d'abord fait chevalier. Il devint par la suite maire de Dublin.
En 1871, la distillerie fut reconstruite et devint même l'une des attractions de la ville. Méritant le succès tant par la qualité de son whiskey que par son esprit d'entreprise, Power fut l'un des premiers à commercialiser sa production sous toutes les formes possibles (voir packaging*) et notamment des miniatures de whiskey baptisées Baby Power's. C'est également à cette époque que fut créée l'étiquette* aux lettres d'or, symbole de la marque.
Le whiskey produit à partir d'un mélange d'orge maltée et non maltée était alors distillé dans les traditionnels *pot stills*. Puis, au début des années 1950, Power's adopta la distillation* en continu, plus économique. Il fallait en effet relancer la production après les années de prohibition* et de guerre. Malgré ce changement la distillerie en

GRATTANS LAST ADDRESS IN THE IRISH PARLIAMENT HOUSE
he Irish house
J.O'MEA
John Jameson Whiskey
ER'S P WHISKEY
POWER'S P WHISKEY

difficulté dut se résoudre à rejoindre ses deux principaux concurrents, John Jameson* & Son et la Cork Distilleries Company, au sein du groupe Irish Distillers. Dix ans plus tard la célèbre distillerie de Dublin fermait définitivement ses portes.

Prohibition

Le 17 janvier 1920, la prohibition entrait en vigueur aux États-Unis*. Un siècle plus tôt, en 1826, la ville de Boston avait vu la création de The American Temperance Society, la Société américaine pour la tempérance. À l'origine, ce mouvement ne prônait pas l'abstinence mais plutôt la modération. Entre 1865 et 1900, la forte croissance de l'industrie du whiskey* entraîna le radicalisation des positions de ses adversaires qui réclamèrent l'interdiction de toute consommation* d'alcool sur le territoire américain. Une ligue au nom évocateur de Anti-Saloon League fut même créée en 1893. En 1909, une vingtaine d'États avaient déjà adopté une forme plus ou moins stricte de prohibition.

Face à ce durcissement, l'industrie du whiskey trouva de nouvelles méthodes de commercialisation telles que la vente par correspondance qui échappait à toute législation.

La Première Guerre mondiale porta un nouveau coup à l'industrie du whiskey. Afin de préserver les réserves en céréales*, le gouvernement fédéral rendit illégale la distillation* d'alcool. Au sortir de la guerre, la production reprit timidement. Finalement, le 17 janvier 1920, le Volstead Act entérinait la prohibition nationale. Une pierre tombale fut même érigée à Meridian (Connecticut) à la mémoire de John Barleycorn, le célèbre personnage créé par le poète Robert Burns*. On pouvait y lire ces mots : « *In Memoriam John Barleycorn. Born B.C. Died Jan. 16, 1920. Resurrection ?* » (À la mémoire de Jean Graindorge, né avant Jésus-Christ. Mort le 16 janvier 1920. Résurrection ?)

Pour une fraction de la population l'alcool continuait néan-

Scène de lutte armée à l'époque de la prohibition aux États-Unis.

moins de couler à flots dans les bars clandestins. La pègre et les bootleggers* profitèrent de cette période pour amasser des fortunes. Surprises, certaines distilleries continuèrent à produire du whisky « médicinal* » délivré sur ordonnance dans les pharmacies.

Sous l'influence de familles puissantes et des associations de lutte contre la prohibition, la loi fut abrogée treize ans plus tard, le 5 décembre 1933 à 17 h 32 exactement. On invoqua la criminalité galopante et le manque à gagner pour l'État et pour les fermiers qui avaient perdu un marché important... Mais la prohibition avait entraîné le démantèlement de l'industrie du whiskey : sur dix-sept distilleries recensées dans le Kentucky* avant 1920, sept seulement recommencèrent à produire après 1933.

Publicité pour le whiskey Harvard, pur rye.

Rye

Lorsque l'on évoque les whiskeys* américains, on pense immanquablement aux bourbons* et aux Tennessee* whiskeys. Or il en existe un troisième, le Rye whiskey, rarement produit de nos jours. Le plus méconnu des whiskeys est également le plus ancien. Les premiers colons irlandais et écossais produisaient un alcool à base de seigle (rye), dès la fin du XVIIe siècle. Cette céréale* importée d'Europe du Nord poussait sans peine sur les sols pauvres de Pennsylvanie et du Maryland.

Le Rye whiskey produit aux États-Unis* est élaboré à partir d'un mélange de céréales contenant au minimum 51 % de seigle. Il s'agit d'un straight whiskey : il n'est pas coupé avec un alcool neutre et son degré après distillation* n'excède pas 80 %. Vieilli au minimum deux ans en fûts* de chêne neufs pour avoir droit à l'appellation rye, il sera ensuite embouteillé à 40 % ou plus. Il ne faut pas confondre le rye américain et son voisin canadien*. Plus connu que son aîné, le rye canadien est généralement élaboré à partir d'un mélange de straight rye whisky et d'alcool de grain*. Aujourd'hui, les appellations whisky canadien, rye whisky ou tout simplement rye ne font qu'une.

Saint Patrick. Tiepolo, 1746. Padoue, Museo Civivo.

Ruskin Spear, *Inside the Hop Poles Pub.* Londres, Taylor Gallery.

SAINT PATRICK
Le père du whisky

Le 17 mars de chaque année, les Irlandais du monde entier perpétuent une tradition en célébrant la Saint-Patrick. Dans certaines villes, comme à New York, des défilés gigantesques sont organisés à cette occasion.

Remontons le cours du temps : en 432, un moine prend pied sur la terre de l'Irlande pour y christianiser la population, après avoir fait œuvre d'évangélisation au Moyen-Orient. Saint Patrick s'était vivement intéressé aux techniques de distillation* utilisées pour la production du parfum, et c'est avec une parfaite connaissance de cet art naissant qu'il s'établit dans le comté de Wicklow. La production d'uisge* beatha allait dès lors se développer pour aboutir à ce fameux whiskey*.

À tort ou à raison, entre légende et réalité, les Irlandais revendiquent la paternité du whisky, au grand dam de leurs voisins écossais. Ces derniers se consoleront : saint Patrick était né en Écosse !

SCOTCH
WHISKY

Scotch

Les Scots, tribu irlandaise qui allait donner son nom à l'Écosse*, apparurent dans l'histoire en l'an 500. C'est en 1034, quand ils prirent possession de la quasi-totalité du pays, que le royaume d'Écosse vit le jour. La première référence au Scotch whisky date de 1494. Cette année-là un moine, John Corr, acheta huit « *bolls* » d'orge (environ 500 kilos) à transformer en eau-de-vie. Le Scotch whisky était né.

La définition du Scotch est entérinée pour la première fois par une commission royale en 1908. Puis en 1988 est voté le Scotch Whisky Act. Aux termes de cette loi, le whisky, pour pouvoir bénéficier de l'appellation Scotch, doit être élaboré à partir d'un mélange d'eau*, de malt*, et éventuellement d'autres céréales* transformées en mash fermenté* par addition de levures. Il doit être produit et distillé en Écosse à une force alcoolique ne dépassant pas 94,8 %. Enfin il doit vieillir en fût* de chêne pendant un minimum de trois ans avant d'être mis en bouteille à une force alcoolique ne pouvant être inférieure à 40 %. (Précisons qu'en Écosse cette loi permet l'utilisation du caramel qui influence la couleur plus que le goût.)

Aujourd'hui, l'appellation Scotch est de moins en moins employée pour désigner les whiskies écossais au profit des termes blends*, purs malts*, single* malts, single grains*. Diversité des expressions, mais n'oublions pas qu'il s'agit d'abord de Scotch whiskies.

Single cask

Les single casks (écossais) et les single barrels (américains) sont non seulement le produit d'une

seule distillerie mais aussi d'un seul fût* (*cask*). Les single casks sont aux single* malts d'Écosse* ce que les single barrels sont aux straight whiskeys* des États-Unis*.

Les single casks sont généralement disponibles auprès de négociants* indépendants. Deux signes distinctifs permettent de les identifier : la date de distillation* et la date de mise en bouteille figurant sur l'étiquette*. Souvent un numéro de fût* et un numéro de bouteille sont également indiqués.

La qualité des single casks relève davantage du hasard que d'une sélection totalement maîtrisée, car les négociants sont de plus en plus dépendants des producteurs pour l'approvisionnement des fûts. Une sélection rigoureuse est donc plus que jamais indispensable. Parfois certains fûts exceptionnels permettent de découvrir des qualités uniques : un whisky traditionnellement vieilli en fût* de bourbon pourra par exemple être disponible dans une version sherry cask (vieilli en fût de sherry).

En ce qui concerne les single barrels, la sélection des fûts doit tout à la seule volonté du producteur. Celui-ci décide d'isoler quelques fûts qu'il considère supérieurs et les fait vieillir à part au sein de son chai. Plus confidentiels que les single casks ils méritent une attention toute particulière.

Single malt

Quoique très différents de la production actuelle, tous les whiskies écossais étaient à l'origine des single malts.

Aujourd'hui, ces whiskies sont les plus prisés des amateurs. Certains d'entre eux font même l'objet d'un véritable culte. Les single malts sont élaborés uniquement à partir d'orge maltée et proviennent d'une seule distillerie. La distillation* s'effectue dans des alambics* *pot still*, en deux fois, voire trois pour certains. Glenturret, la plus ancienne distillerie de malt* a été créée en 1772.

Jusqu'au milieu du XXe siècle, la plupart des single malts étaient destinés aux assemblages. Auparavant, seuls quelques embouteilleurs indépendants, notamment le négociant* Gordon & Macphail à Elgin eurent la sagesse de se constituer des stocks de single malts, contribuant largement à l'essor de ces whiskies.

Au début des années 1970, la distillerie Glenfiddich lança le premier single malt commercial. Cependant il faudra attendre la fin des années 1980 pour assister à « l'explosion » des whiskies single malts. Une gamme de six whiskies baptisés les Classic Malts allait contribuer à révéler toute leur richesse.

Répartis sur quatre régions d'Écosse, les single malts offrent une importante diversité de caractère. Au sud, en Écosse méridionale, les Lowlands* aux malts légers, au sud-ouest la presqu'île de Campbeltown* avec sa célèbre distillerie Springbank ; l'île d'Islay* dont les malts tourbés* sont très typés ; et au nord-est la vaste région des Highlands* qui comprend notamment les îles Orcades, les îles Hébrides, et le Speyside*.

Aujourd'hui cent huit distilleries restent en état de produire, dont seulement quatre-vingts sont en activité. L'Irlande* propose également deux single malts : le Bushmills*, malt de 10 ans d'âge*, et le Tyrconnel.

Sour mash

Vous vous êtes peut-être déja étonné de remarquer sur une bouteille de Kentucky* bourbon*, de Tennessee* ou de rye* whiskey l'appellation « *sour mash* » (moût acide), également connue sous le nom de *setback* ou *backset*, alors que d'autres bouteilles de whiskeys* de même origine ne la mentionnent pas.
Les sour mash whiskeys ont-ils quelque chose en plus ? Nullement. Car aujourd'hui tous les Kentucky bourbons, de même que tous les Tennessee et tous

Vérification d'un whiskey de 4 ans d'âge, avant la mise en bouteille (États-Unis).

les rye whiskeys sont des sour mash whiskeys. Le rappeler n'est qu'un pur effet de style.
Concrètement, le sour mash intervient au moment de la fabrication de ces types de whiskeys. Il s'agit d'un résidu de distillation* que l'on ajoute au moment du brassage* de l'eau* et des céréales*, dans une proportion approchant 25 %. Très acide, il permet d'éliminer les bactéries et les levures indésirables. C'est pourquoi il est préférable que tous les whiskeys soient des sour mash !

Spécialiste

À la fin des années 1950, rares étaient les pays où l'on pouvait trouver plus d'une vingtaine de références de whisky, toutes origines confondues. Quarante ans plus tard, les whiskies se dénombrent par centaines, compte tenu des nombreuses marques de blends* et des embouteillages de négociants*. Face à ce déferlement de marques et d'étiquettes*, le consommateur se trouve le plus souvent démuni, d'autant que les rayons spécialisés des grandes surfaces sont de plus en plus fournis, le whisky étant devenu un produit à la mode. Dans ce contexte, le conseil s'avère plus que jamais indispensable. En effet rien ne peut remplacer le contact humain lorsqu'il est question d'acheter une bouteille de whisky. Fort heureusement des spécialistes existent, parmi lesquels les cavistes (voir Guide pratique), qui ne se contentent pas d'accumuler les références et connaissent à la perfection les whiskies qu'ils commercialisent. Ils sont capables de guider aussi bien le néophyte que l'amateur averti. En plus du conseil apporté, ils proposent certains embouteillages rarissimes, par exemple des whiskies provenant de distilleries à jamais disparues, ou des vintages (millésimes) des années 1940. Le spécialiste vous donnera accès à un univers du whisky d'une richesse jusqu'alors insoupçonnée.

Drugstore spécialisé dans le whisky à Édimbourg (Écosse).

A BLEND WITH THE FINEST MALTS
Monarch
OLD SCOTCH WHISKY
EXPORTED
BLAIR ATHOL
8
BELL'S
SCOTCH WHISKY
12
LOCHNAGAR
Highland
Malt
Scotch
Whisky
THE GLENLIVET DISTILLER
MACALLAN
De Whisky of De Monks De Luxe

Le cours de la Spey (Speyside,Écosse).

Speyside

Le Triangle d'or, tel est le surnom donné au Speyside (voir carte), en plein cœur des Highlands*, en raison de la forte concentration de distilleries présentes dans un périmètre qui s'étend d'Elgin à l'ouest, Banff à l'est et Dufftown au sud.

Pour autant, tous les whiskies du Speyside ne proviennent pas des abords immédiats de la rivière Spey. Celle-ci se jette dans la mer du Nord et reçoit les eaux de la Livet, de la Fiddich et de l'Avon, noms célèbres et synonymes de qualité. Les malts* du Speyside sont prestigieux et leur diversité permet des expériences gustatives très intéressantes. C'est dans cette région que se trouve la première distillerie des Highlands ayant obtenu une licence*, Glenlivet* qui donna son nom à un style de whisky. C'est également un whisky du Speyside, Glenfiddich qui popularisa les purs malts* au début des années 1970. Les autres distilleries de renommée s'appellent Macallan – réputée

pour faire vieillir ses whiskies dans des fûts* ayant contenu du xérès –, Glenfarclas – recherchée pour son malt puissant –, Glendronach et ses malts typés, Strathisla et son classicisme, Balvenie au malt très nuancé et traditionnel, Mortlach dont le whisky possède des arômes* de poire, Aberlour, Glen Grant, Knockando, Linkwood, Longmorn et bien d'autres.
Les whiskies du Speyside sont généralement moelleux, marqués par la douceur du malt et par de légers accents tourbés*.

Spiritueux

On confond souvent spiritueux et boissons alcoolisées. Tous les spiritueux sont des boissons alcoolisées, et non l'inverse. Un spiritueux est le résultat d'une distillation, quelle que soit la matière première utilisée : les céréales* s'il s'agit de whisky, le raisin dans le cas du cognac ou de l'armagnac, la pomme pour le calvados. En revanche la bière, le champagne ou le vin qui titrent rarement plus de 15 % sont des boissons alcoolisées. C'est la distillation* qui permet d'élever le degré alcoo-

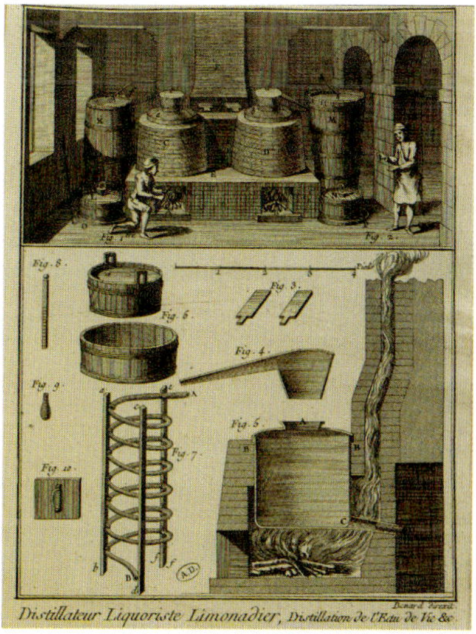

lique et de passer avant dilution de 4 % à 20 % pour les boissons alcoolisées à 60 % et plus pour les alcools.
Autre particularité des spiritueux : ils n'évoluent plus une fois embouteillés, ce qui n'est pas le cas des vins ou de certains portos. Les autres spiritueux célèbres sont la vodka, le gin, les eaux-de-vie de fruits, les anisés et la famille des brandy. S'il est vrai que la vodka est le spiritueux le plus consommé, le whisky est en revanche présent dans un plus grand nombre de pays.

Distillation de l'eau-de-vie. Planche extraite de l'*Encyclopédie*.

Caricature illustrant les taxes de plus en plus lourdes sur le whiskey. The Chicago Tribune.

Taxe

Le whisky fut très tôt l'objet de convoitises, les gouvernants comprenant qu'ils tenaient là une source inépuisable de revenus pour financer les guerres et les déficits. La première taxe sur le whisky date de 1644, le parlement écossais y trouvant un moyen de financer son effort de guerre contre la couronne britannique. Puis ce fut le tour des Anglais qui, pour asseoir leur autorité, levèrent une taxe sur le malt*. Il s'ensuivit une véritable guerre du whisky qui prit fin en 1823 lorsque la législation sur le whisky fut assouplie. Les excisemen furent alors chargés de surveiller la qualité et la quantité de whisky produite par les distillateurs, pour le compte du gouvernement.

À la même époque, en Amérique les mêmes causes produisirent les mêmes effets. Une taxe de 1791, décrétée par le gouvernement de George Washington, entraîna l'exode de milliers de fermiers distillateurs vers l'ouest dans le Kentucky*, le Tennessee* et l'Indiana, ces États ne faisant pas encore partie des États-Unis. En 1920 cette taxe disparut en même temps que le whisky, pour cause de prohibition*.

Aujourd'hui le whisky est doublement imposé. À la traditionnelle TVA, vient s'ajouter une taxe spécifique aux alcools : des droits perçus par les douanes et basés sur le volume d'alcool pur. Paradoxalement, l'Écosse*, le premier pays producteur, est celui où les droits sont parmi les plus élevés. Il existe néanmoins un moyen d'échapper aux surtaxes : dans les zones aéroportuaires *duty free*, les whiskies sont vendus hors droits et hors taxes...

Tennessee

Lors de l'arrivée des premiers colons européens en Amérique, le territoire baptisé « Tanasie » que traversaient de multiples cours d'eau était peuplé d'indiens Cherokee. Il est aujourd'hui connu sous le nom de Tennessee. Entouré notamment du Kentucky*, de la Caroline du Nord et du Mississippi, le Tennessee fut colonisé par les immigrants irlandais qui fuyaient les États de l'est au moment de l'instauration des premières taxes* sur le whisky. Surnommé l'État Volontaire, il doit sa réputation à la vaillance de ses habitants qui combattirent les Anglais jusqu'au début du XIXe siècle. Le célèbre David Crocket était l'un de ses fils. Le Tennessee fut également le théâtre de féroces affrontements durant la guerre de Sécession (1861-1865).

Aujourd'hui, cet État moderne a conservé la tradition de la fabrication du Tennessee whiskey*. Élaboré à partir d'un

mélange de céréales*, il doit contenir au moins 51 % d'un même grain*. L'utilisation du maïs n'est pas obligatoire, mais elle prédomine. Presque tous les Tennessee whiskeys sont à la fois des sour* mash et des straight whiskeys.
Ce qui singularise le Tennessee whiskey, par rapport au bourbon* ou au rye*, est le filtrage effectué à travers une couche épaisse de charbon de bois. Ce procédé, le Lincoln County Process ou *charcoal mellowing*, aurait été inventé par Alfred Eaton vers 1825. C'est en 1941 seulement que le gouvernement fédéral reconnut la spécificité du Tennessee whiskey par rapport au bourbon. Aujourd'hui, seules deux distilleries restent en activité : la très célèbre Jack Daniel* et George Dickel.

Tourbe

Si vous demandez à un spécialiste de vous conseiller un whisky tourbé, il vous proposera très certainement un whisky de l'île d'Islay*. Il pourrait tout aussi bien vous orienter vers certains whiskies des Highlands* tels que Brora ou encore vers le Longrow, malt* provenant de la presqu'île de Campbeltown*. La tourbe, terre compacte, est un charbon fossile millénaire composé de végétaux, mousses, feuilles et algues. Elle est noire au nord de l'Écosse*, iodée et de couleur brune sur Skye ou Islay. Plus légère et beaucoup moins marquée en goût, elle est également présente au Japon* dans l'île d'Hokkaido.
Récupérée en mottes dans des tourbières, elle sert de combus-

Feu de tourbe pour le séchage du malt (île d'Islay, Écosse).

tible lors du séchage du malt qu'elle imprégnera de sa fumée dense et épaisse. La tourbe est également drainée par l'eau* de source de la distillerie.
Les whiskies tourbés déclinent des arômes* particuliers de bitume et d'essence diesel. En bouche, c'est la réglisse et un fumet très caractéristique (voir Vocabulaire*) plus proche d'un thé fumé que du bois brûlé d'un bourbon* qui dominent. Il suffit d'un verre* d'Islay très tourbé tel qu'Ardbeg, Laphroaig ou Lagavulin pour parfumer toute une pièce.

Uisge beatha

Issu du gaélique, la langue des anciens Celtes, le terme « uisge beatha » ou « uisce* beatha » ou « usquebaugh » signifie eau-de-vie. En dehors de l'Irlande* et de l'Écosse* des Highlands*, c'est le terme latin « aqua vitae » qui était utilisé à l'origine pour désigner les alcools locaux. C'est d'ailleurs l'expression latine dont on trouve la première référence écrite en 1494. Trois siècles auparavant les Anglais, qui avaient envahi l'Irlande, auraient découvert cette boisson que l'on devait utiliser d'abord à des fins médicinales* et dont ils avaient le plus grand mal à prononcer le nom gaélique. C'est l'origine généralement acceptée de la déformation du nom uisge beatha en whisky. Le mot uisge aurait été mentionné par écrit pour la première fois en 1618 lors des obsèques d'un chef de clan* des Highlands. Il devint par glissement linguistique « uisce » puis « fuisce » et enfin whisky.
Paradoxalement, cette expression est aujourd'hui devenue très à la mode. La remise au goût du jour de la culture celte y est pour beaucoup.

Alambic par Hieronymus Braunschweig. Page de titre d'un ouvrage pour les distillateurs, Strasbourg, 1519. Londres, British Library.

Double page suivante : alambics de la distillerie Glenfiddich à Dufftown (Speyside, Écosse)

LOW
G
Nº 3
CONTS.

Usher (Andrew)

Andrew Usher fut en son temps un précurseur. Agent exclusif de la distillerie Glenlivet* dans les années 1840, il comprit avant tout le monde ce qu'un vieillissement* prolongé en fût* pouvait apporter au whisky. Il s'intéressa par la suite à l'assemblage de deux whiskies d'âges* ou de distilleries différentes, pratique que certains négociants* avaient déjà expérimentée de façon aléatoire. Andrew Usher, lui, adopta une approche empirique. Prenant exemple sur les producteurs de cognac, il se fixa pour but de créer un mélange dont le résultat serait meilleur que ses différents constituants. Il baptisa son premier blend* Old Vatted Glenlivet. Il s'agissait d'un mélange composé exclusivement de single* malts dont The Glenlivet.

Andrew Usher.

En 1853, il élabora le premier blend moderne. Usher associa un alcool de grain* provenant d'un alambic* *patent still* avec un pur malt* des Highlands* qu'il estimait trop âcre pour être commercialisé en l'état. Usher mit ainsi en évidence le fort potentiel de l'alambic inventé vingt ans plus tôt par Aeneas Coffey*. Usher avait réussi à harmoniser la puissance d'un pur malt et la légèreté d'un alcool de grain*.

Les caractéristiques gustatives de ce whisky de mélange se rapprochaient des malts des Lowlands*, à l'époque très prisés des Anglais. Dès lors, on assista à l'essor des blends.

C'est également l'époque de la création des grandes maisons de whisky, en particulier la DCL*.

Verre

Les amateurs vous le diront : rien de tel qu'un verre à bourgogne ou à bordeaux pour tirer la quintessence d'un grand vin. Il en va de même pour le whisky, en particulier pour les malts* d'Écosse*. Il y a encore quelques années, le seul verre utilisé était un verre droit et plutôt lourd, à fond épais et à base plate baptisé Tumbler. C'est encore aujourd'hui le plus répandu. Il est idéal pour le blended* scotch* car on peut y ajouter de l'eau ou de la glace. Dans les pubs, le Dram, petit verre à fond épais et de forme cylindrique est le plus couramment utilisé. C'est le verre à

À droite : contrôle de qualité dans les chais de la distillerie Royal Lochnagar (Highlands, Écosse).

Whisky Royal Lochnagar.

whisky façon saloon, que les westerns (voir Littérature* et cinéma) des années 1950 ont rendu célèbre.
Ces deux modèles de verre, en dehors de toute considération esthétique, ne mettent pas le produit réellement en valeur. Or les malts d'Écosse et certains bourbons* gagnent en intensité aromatique lorsqu'ils sont dégustés dans des verres légèrement fermés. Les distillateurs et les maîtres assembleurs, qui l'ont compris, utilisent un verre à xérès baptisé Copita. Proche du verre à bordeaux, mais moins volumineux, il possède un pied assez court et une forme tulipe caractéristique. Un verre œnologique Inao est également adapté. Le dossier ne serait pas complet sans le Quaich. D'origine celte, c'est en quelque sorte le taste-vin du Scotch whisky, à cette différence qu'il possède deux anses. Traditionnellement en argent, on en trouve aussi en étain. Les Écossais l'utilisent lors de la cérémonie de célébration du haggis, la fameuse panse de brebis farcie. Selon la tradition, après avoir déclamé un texte de Robert Burns*, verre de whisky en main, l'assemblée porte un toast à la mémoire du poète, en s'écriant « *Slainte !* » (« À la vôtre ! »).

VIEILLISSEMENT
« La part des anges »

Il faut avoir une fois au moins pénétré dans un chai où séjournent des rangées de fûts* dans une lumière tamisée. Ce clair-obscur participe de la poésie associée au whisky, tout comme la jolie formule « la part des anges » donnée à l'évaporation de l'alcool à travers le bois des tonneaux. Poésie mais aussi mystère, car le vieillissement échappe en grande partie au contrôle de l'homme. On sait néanmoins que les fûts et le climat jouent un rôle essentiel tout au long de cette ultime étape de la fabrication du whisky.

On ne mesure que certains effets du climat. L'évolution du whisky sera plus lente sous un climat humide que sous un climat sec. Des variations de température importantes auront pour effet d'accélérer le vieillissement. Certains éléments de l'air ambiant apportent également sa spécificité au whisky.
Sur l'île d'Islay*, en Écosse*, l'iode, le sel et les embruns marins en sont la parfaite illustration. Sous l'action de l'air qui s'infiltre par les pores du bois, l'alcool subit une lente oxydation. Cette oxydation, au demeurant très bénéfique, contribue à modifier la couleur*, les arômes* et le goût* du futur whisky. Même si différentes législations fixent une durée minimum de vieillissement, c'est la dégustation* régulière des fûts qui permet de juger du moment opportun pour la mise en bouteille. L'évaporation ayant diminué le degré d'alcool d'un pourcentage moyen tous les ans, le whisky sera alors le plus souvent réduit à l'eau* de source de la distillerie afin de ramener le degré à 43 % voire 40 %.

Vocabulaire

Le vocabulaire employé pour la description d'un whisky est à la fois objectif et subjectif. Du point de vue objectif, il repose sur une transcription rigoureuse des sensations perçues au cours de l'examen visuel et de l'analyse aromatique et gustative. Quant à la subjectivité, c'est le domaine des sensations propres à chacun, une véritable invitation au voyage toute de poésie, de lyrisme, de mystère et d'humour.

À l'instar des vins et des autres alcools, le whisky a vu son vocabulaire s'étoffer considérablement depuis une vingtaine d'années. Il est d'ailleurs intéressant de constater qu'il existe plusieurs niveaux de langage. Le néophyte dira simplement d'un whisky qu'il est bon, l'amateur éclairé évoquera les nuances de tourbe* ou de sherry, l'amateur averti parlera de la tourbe fraîche et du parfum iodé dû au microclimat dont jouit la distillerie.

L'écrivain James Darwen, lui-même fin connaisseur, maîtrise parfaitement le langage technique qu'il sait agrémenter d'un humour parfois déconcertant mais intense lorsqu'il se dit prêt à « vouloir étrangler les phoques après avoir dégusté un Ardbeg », un single* malt très typé de l'île d'Islay*.

Walker (Hiram)

Ironie du sort, le père du whisky canadien est américain ! Hiram Walker (1816-1899) est né à Douglas, dans le Massachusetts. À l'âge de vingt-deux ans, il part pour Detroit, ville alors en plein essor. En 1858, après avoir fait fortune dans le commerce de grains et de vinaigre, Hiram Walker décide de créer sa propre unité de production comprenant une distillerie et une minoterie. En raison des lois anti-alcool en vigueur dans le Michigan, c'est au Canada*, à proximité de la ville de Windsor, qu'il choisit de s'installer.

Très rapidement, Hiram Walker impose un style de whisky léger et fruité dont l'expression la plus parfaite voit le jour en 1884 avec la création de la marque Canadian Club. Le succès est considérable, à tel point que ce whisky sera l'objet de multiples contrefaçons. Avec ténacité, Hiram Walker poursuivra chacun des faussaires, allant jusqu'à utiliser des affiches géantes pour dénoncer ces pratiques.

Parallèlement, Hiram Walker met en œuvre une série de mesures sociales importantes : création de logements pour ses employés, d'une école, d'une église, d'une ligne de chemin de fer, d'une mairie, etc. Une véritable ville voit ainsi le jour, baptisée en toute modestie Walkerville.

Hiram Walker.

À sa mort, en 1899, Hiram Walker était devenu l'un des tout premiers producteurs de whisky d'Amérique du Nord. Ses fils et petits-fils dirigèrent ensuite l'entreprise jusqu'en 1926, date à laquelle ils la cédèrent à la société Gooderham & Worts.

Par la suite, le groupe Hiram Walker s'installa en Écosse*, rachetant notamment la célèbre marque de blend* Ballantine's. Aujourd'hui Hiram Walker constitue la filiale spiritueux* du groupe britannique Allied Domecq.

Mise en bouteille du Old Times Whiskey au début du siècle (Kentucky, États-Unis)

WHISKEY
Un « e » dont les Irlandais sont fiers

L'origine du mot « whiskey » proviendrait de la déformation du terme gaélique uisge* beatha après l'invasion de l'Irlande* par les Anglais vers 1170. Les Écossais quant à eux y voient l'origine du mot « whisky ». Sempiternel débat.
Dans la pratique, l'usage du terme « whiskey » vient de la volonté des Irlandais de différencier leur production de celle des Écossais. Selon Michael Jackson, écrivain britannique spécialiste* de la bière et du whisky, le terme whiskey n'était d'abord utilisé que dans la ville de Dublin, le fief du whiskey irlandais. Puis, au XIXe siècle, son emploi se développa et se généralisa.
À la même époque, les whiskeys américains commencèrent à faire leur apparition. En hommage à leur pays d'origine, les descendants des immigrants irlandais baptisèrent whiskey l'alcool provenant de leurs premières distillations. Cependant l'appellation whiskey n'est pas obligatoire aux États-Unis*. Ainsi les Bourbons Maker's Mark, Old Forester ou Early Times ont-ils opté pour l'appellation écossaise whisky.

LES MALTS D'ÉCOSSE

* En sommeil ** En état, mais ne produit plus *** Bâtiment existant

	Les Distilleries	Région	Nez caractères dominants	Bouche caractères dominants	Apéritif (A) Digestif (D)
1.	Aberfeldy	Highlands du Sud	Bruyère/Tourbe	Orge/Tourbe	D
2.	Aberlour	Speyside	Épicé/Noisette	Épicé/Caramel	D
3.	Allt-A-Bhainne	Speyside	Tourbe/Floral	Épicé	A
4.	Ardbeg*	Île d'Islay	Algue/Iode/Sec	Algue/Salé	D
5.	Ardmore	Speyside	Malté/Sherry	Fruité/Céréale	D
6.	Arran	Île d'Arran	Premier malt prévu en 2003		
7.	Auchentoshan	Lowlands	Citron	Citronnelle	A et D
8.	Auchroisk	Speyside	Réglisse/Malté	Réglisse/Caramel	D
9.	Aultmore	Speyside	Herbe fraîche/Sec	Floral/Fruité	A
10.	Balblair*	Highlands du Nord	Fruité (Poire)	Épicé/Sherry	A
11.	Balmenach*	Speyside	Miel de Bruyère	Sherry/Miel	D
12.	Balvenie	Speyside	Orange/Miel	Orange/Épicé	D
13.	Ben Nevis	Highlands de l'Ouest	Floral/Fumé	Malté/Toffee	D
14.	Benriach	Speyside	Fruité/Floral	Malté/Floral	A
15.	Benrinnes	Speyside	Floral/Fumé	Sec/Toffee	A et D
16.	Benromach*	Speyside	Floral/Sherry	Boisé/Malté	D
17.	Bladnoch*	Lowlands	Citron/Herbacé	Citron/Fruits rouges	A et D
18.	Blair Athol	Highlands du Sud	Épicé/Sherry	Gingembre/Sec	A et D
19.	Bowmore	Île d'Islay	Fumé/Salé/Sherry	Réglisse/Sherry	A et D
20.	Braes of Glenlivet	Speyside	Miel	Agrumes	A
21.	Brora***	Highlands du Nord	Tourbe	Noix/Fumé	D
22.	Bruichladdich*	Île d'Islay	Malté/Salé	Algue/Sec/Salé	A
23.	Bunnahabhain	Île d'Islay	Floral/Iodé	Malté	A et D
24.	Caol Ila	Île d'Islay	Tourbe/Fruité	Tourbe/Épicé	A et D
25.	Caperdonich	Speyside	Fumé	Malté/Fruité/Épicé	A et D
26.	Cardhu	Speyside	Doux	Doux/Malté	A et D
27.	Clynelish	Highlands du Nord	Salé/Tourbe	Malté/Algue/Salé	D
28.	Coleburn***	Speyside	Fumé/Sec	Malté/Fumé	A
29.	Convalmore***	Speyside	Doux	Malté/Doux	D
30.	Cragganmore	Speyside	Floral/Sec	Floral/Malté	D
31.	Craigellachie	Speyside	Doux/Malté	Agrumes/Doux	D
32.	Dailuaine	Speyside	Sherry/Sec	Fruité/Végétal/Sec	D
33.	Dallas Dhu**	Speyside	Malté/Tourbe	Malté/Toffee	D
34.	Dalmore	Highlands du Nord	Agrumes/Sherry	Doux/Épicé/Malté	D
35.	Dalwhinnie	Speyside	Floral/Sec	Malté/Miel/Tourbe	A
36.	Deanston	Highlands du Sud	Frais	Sec	A et D
37.	Dufftown	Speyside	Fumé/Sec	Fumé/Sec	A
38.	Edradour	Highlands du Sud	Épicé/Sherry	Épicé/Malté	D
39.	Fettercairn	Highlands de l'Est	Noisette/Sherry	Doux/Sec	A
40.	Glen Elgin	Speyside	Agrumes/Miel	Agrumes/Floral	A et D
41.	Glen Garioch*	Highlands de l'Est	Bruyère/Tourbe	Doux/Miel/Sec	A et D
42.	Glen Grant	Speyside	Floral/Sec	Fruité/Sec	A et D
43.	Glen Keith	Speyside	Boisé/Épicé	Épicé/Doux	A
44.	Glen Moray	Speyside	Doux/Herbe fraîche	Doux/Malté	A
45.	Glen Ord	Highlands du Nord	Malté/Sec/Tourbe	Malté/Sec	D
46.	Glen Scotia***	Campbeltown	Frais/Salé	Malté/Sec/Salé	A et D
47.	Glen Spey	Speyside	Herbe fraîche	Herbe fraîche	A
48.	Glenallachie	Speyside	Doux/Malt	Doux	A
49.	Glenburgie-Glenlivet	Speyside	Cire	Orange/Sec	A
50.	Glencadam	Highlands de l'Est	Fruité	Doux/Malté	A et D
51.	Glendronach*	Speyside	Doux/Sherry Oloroso	Doux/Malté/Sherry	D
52.	Glendullan	Speyside	Fruité/Malté	Fruité/Malté/Sec	D
53.	Glenesk*	Highlands de l'Est	Frais	Malté/Sec	A
54.	Glenfarclas	Speyside	Boisé/Sherry/Toffee	Fruité/Sec/Sherry	D

ais équipements hors d'usage

	Les Distilleries	Région	Nez caractères dominants	Bouche caractères dominants	Apéritif (A) Digestif (D)
55.	Glenfiddich	Speyside	Fruité/Sec	Poire/Sec	A et D
56.	Glenglassaugh*	Speyside	Épicé/Herbacé	Épicé/Fruité/Herbe	A
57.	Glengoyne	Highlands de l'Ouest	Malté/Sec/Sherry	Doux/Fruité/Malté	A et D
58.	Glenkinchie	Lowlands	Herbe fraîche	Doux/Frais/Sec	A et D
59.	Glenlivet	Speyside	Floral/Sherry	Floral/Fruité	A
60.	Glenlochy***	Highlands de l'Ouest	Tourbe/Sec	Tourbe/Sec	D
61.	Glenlossie	Speyside	Herbacé/Végétal	Malté/Sec	A
62.	Glenmorangie	Highlands du Nord	Caramel/Toffee	Doux/Caramel	A et D
63.	Glenrothes	Speyside	Sherry/Tourbe	Épicé/Sec/Tourbe	D
64.	Glentauchers	Speyside	Médicinal	Malté/Sec	A
65.	Glenturret	Highlands du Sud	Malté/Doux/Sec	Bois brûlé/Sec	A et D
66.	Glenury-Royal***	Highlands de l'Est	Sherry/Sec	Doux/Malté/Sec	A et D
67.	Highland Park	Îles Orcades	Bruyère/Fumé/Miel	Bruyère/Végétal	A et D
68.	Imperial	Speyside	Doux	Épicé/Sherry	D
69.	Inchgower	Speyside	Salé/Sec	Malté/Sec/Salé	A et D
70.	Inverleven*	Lowlands	Fumé/Herbe fraîche	Agrumes/Épicé	A et D
71.	Isle of Jura	Île de Jura	Salé/Végétal/Sec	Doux/Floral	A
72.	Kininvie	Speyside	Floral/Sec	Sec	A
73.	Knockando	Speyside	Fruits rouges	Fruité/Sherry	A
74.	Knockdhu	Speyside	Fruité	Fruité/Noix	D
75.	Lagavulin	Île d'Islay	Salé/Sherry/Tourbe	Fumé/Salé/Tourbe	A et D
76.	Laphroaig	Île d'Islay	Marin/Médicinal	Algue/Salé	D
77.	Linkwood	Speyside	Floral/Sherry	Amande	A et D
78.	Littlemill*	Lowlands	Doux	Doux/Malté	A et D
79.	Loch Lomond	Highlands du Sud	Médicinal	Épicé	A et D
80.	Lochside***	Highlands de l'Est	Floral	Fruits rouges	A
81.	Longmorn	Speyside	Floral/Malté	Malté/Fruité	A et D
82.	Macallan	Speyside	Épicé/Sherry	Chêne/Noix/Sherry	D
83.	Macduff	Highlands de l'Est	Malté/Sherry	Malté	D
84.	Mannochmore*	Speyside	Floral	Fruité	A
85.	Miltonduff-Glenlivet	Speyside	Floral/Tourbe	Doux/Floral	A
86.	Mortlach	Speyside	Malté/Sherry	Fumé/Sherry	D
87.	Oban	Highlands de l'Ouest	Malté/Tourbe	Fruité/Fumé	D
88.	Pittyvaich*	Speyside	Poire	Poire William	D
89.	Port Ellen***	Île d'Islay	Épicé/Salé	Poivré/Salé	D
90.	Pulteney	Highlands du Nord	Salé	Salé/Sherry	A
91.	Rosebank*	Lowlands	Végétal	Floral/Fruité	A
92.	Royal Brackla	Highlands du Nord	Fumé	Épicé/Fruité	D
93.	Royal Lochnagar	Highlands de l'Est	Épicé/Sherry	Épicé/Fruité/Malté	D
94.	Scapa*	Îles Orcades	Chocolat	Salé/Chocolat	A
95.	Speyburn	Speyside	Herbe fraîche	Malté/Herbacé	A
96.	Speyside	Highlands du Nord	Floral/Tourbe	Doux/Fruité	A
97.	Springbank	Campbeltown	Salé/Sherry/Tourbe	Fumé/Salé/Toffee	A et D
98.	Strathisla	Speyside	Boisé/Malté	Chêne/Sherry	D
99.	Strathmill	Speyside	Agrumes	Miel/Agrumes	A
100.	Talisker	Île de Skye	Fumé/Algue/Salé	Fumé/Poivre	D
101.	Tamdhu	Speyside	Caramel	Malté/Caramel	A et D
102.	Tamnavulin*	Speyside	Herbe fraîche	Fruits Rouges	A
103.	Teaninich	Highlands du Nord	Fruité	Épicé/Tourbe	A et D
104.	Tobermory	Île de Mull	Mentholé	Épicé	A et D
105.	Tomatin	Speyside	Malté/Épicé	Caramel/Épicé	A et D
106.	Tomintoul	Speyside	Herbe fraîche	Malté	A
107.	Tormore	Speyside	Amande	Malté/Amande	A et D
108.	Tullibardine*	Highlands du Sud	Malté	Malté/Fruité	A

SÉLECTION DE WHISKEYS AMÉRICAINS

Les Distilleries	Marques	Nez caractères dominants	Bouche caractères dominants	Apéritif (A) Digestif (D)
Les Bourbons				
1. Ancient Age	Ancient Age	Vanille/Orange	Épicé/Tabac	D
	Benchmark	Vanille	Agrumes/Vanille	A et D
	Eagle Rare	Caramel/Vanille	Agrumes/Tabac	D
	Benchmark XO (single barrel)	Épicé/Vanille	Canelle/Orange/Vanille	D
	Blanton's (single barrel)	Orange/Miel/Vanille	Épicé/Orange/Vanille	D
	Elmer T. Lee (single barrel)	Boisé/Fruité	Fruits rouges	D
	Hancock's Reserve (single Barrel)	Caramel/Vanille	Caramel/Cigare	D
2. Barton	Very Old Barton	Boisé/Vanille	Épicé	A et D
	Kentucky Gentleman	Boisé/Épicé	Tabac/Vanille	A et D
	Ten High	Épicé/Vanille	Caramel/Vanille	A et D
	Colonel Lee	Caramel/Vanille	Boisé/Caramel	A et D
	Barclay's	Boisé/Vanille	Épicé	A et D
3. Jim Beam	Jim Beam	Cannelle/Vanille	Épicé/Fruité	A et D
	Old Taylor	Tabac/Vanille	Seigle/Vanille/Tabac	D
	Old Crow	Agrumes/Tabac	Épicé	A
	Old Grand Dad	Miel/Seigle	Boisé/Épicé/Fumé	D
	Booker's (small batch)	Boisé/Orange/Vanille	Fruité/Tabac	D
	Basil Hayden's (small batch)	Épicé/Vanilles	Agrumes/Épicé	A
	Knob Creek (small batch)	Boisé/Épicé/Miel	Agrumes/Fruits rouges	D
	Baker's (small batch)	Agrumes/Fruits rouges	Amandes/Vanille	A et D
	Old Overholt (Rye)	Épicé/Fruité	Fruité/Seigle	A et D
4. Bernheim	W.L. Weller	Caramel/Épicé/Miel	Caramel/Épicé/Miel	D
	I.W.Harper	Épicé/Fruité	Fruits rouges/Vanille	D
	Old Charter	Épicé/Miel	Caramel/Miel/Vanille	D
	Old Fitzgerald	Boisé/Cuir	Caramel/Cuir/Tabac	D
	Rebel Yell	Fruité/Miel	Épicé/Fruité/Miel	D
5. Early Times	Early Times	Miel/Vanille	Cuir/Tabac	D
	Old Forester	Cuir/Épicé/Vanille	Agrumes/Caramel/Épicé	D
6. Four Roses	Four Roses	Caramel/Mentholé	Caramel/Miel	A et D
7. Heaven Hill	Heaven Hill	Frais/Vanille	Boisé/Doux	A et D
	Evan Williams	Boisé/Vanille	Caramel/Vanille	A et D
	Elijah Craig	Agrumes/Vanille	Caramel/Vanille	D
	Henry McKenna	Boisé/Vanille	Boisé/Cuir	A et D
	J.T.S. Brown	Boisé/Vanille	Boisé	A et D
	J.W.Dant	Boisé/Vanille	Boisé/Cuir	A et D
8. Maker's Mark	Maker's Mark	Cuir/Miel/Vanille	Épicé/Fruité/Mentholé	D
9. Wild Turkey	Wild Turkey	Agrumes/Miel/Vanille	Agrumes/Épicé/Vanille	A et D
	Wild Turkey (single barrel)	Mentholé/Tabac	Miel/Cigare	D
Whiskeys du Tennessee				
10. Jack Daniel	Jack Daniel's	Bois brûlé/Caramel	Épicé/Tabac	A et D
	Gentleman Jack	Bois brûlé/Miel	Bois brûlé/Fruité	D
11. George A. Dickel	George A. Dickel	Bois brûlé/Toffee	Pomme/Tabac	A et D
Whiskeys de Virginie				
12. Smith Bowman	Virginia Gentleman	Mentholé/Miel	Miel/Vanille	A et D

SÉLECTION DE WHISKEYS IRLANDAIS

Les Distilleries	Marques	Nez caractères dominants	Bouche caractères dominants	Apéritif (A) Digestif (D)
Midleton	Jameson	Sherry/Doux	Malté/Fruité	A
	Jameson Crested Ten	Épicé/Malté/Sherry	Épicé/Toffee	A
	Jameson 1780	Épicé/Sherry	Épicé/Sherry/Vanille	A et D
	Midleton VR	Épicé/Miel/Sherry	Épicé/Malté	A et D
	Paddy	Céréales/Fruité	Céréales/Amertume	A
	Powers	Céréales/Épicé/Vanille	Épicé/Miel	A et D
	Redbreast	Fruits rouges/Sherry	Épicé/Malté/Miel	D
	Tullamore Dew	Malté	Épicé/Vanille	A
	Green Spot	Boisé/Malté/Sherry	Épicé/Malté/Doux	A et D
Bushmills	Bushmills Original	Céréales/Sherry	Doux	A
	Bushmills Black Bush	Céréales/Sherry	Épicé/Malté/Sherry	A et D
	Bushmills Malt	Malté/Sherry	Malté/Sherry/Doux	A et D
	Coleraine	Céréales/Doux	Boisé/Céréales	A
Cooley	Kilbeggan	Fruité/Doux	Doux	A
	John Locke	Malté/Doux	Malté/Miel	A
	Tyrconnel	Épicé/Fruité/Miel	Agrumes/Miel	A et D
	Connemara	Sherry	Fumé/Malté	A et D

SÉLECTION DE WHISKIES JAPONAIS

Les Distilleries	Marques	Nez caractères dominants	Bouche caractères dominants	Apéritif (A) Digestif (D)
Yamazaki	Yamazaki	Malté	Malté/Doux	A
Yoichi	Hokkaido	Malté/Sec	Fumé/Sherry	A et D
Karuizawa	Karuizawa	Boisé/Sherry	Malté/Sherry	A
Gotemba	Crescent	Boisé/Sec	Fumé/Sec	A

SÉLECTION DE BLENDS ÉCOSSAIS ET CANADIENS

Famille	Marques	Nez caractères dominants	Bouche caractères dominants	Apéritif (A) Digestif (D)
Écossais	Ballantine's Finest	Épicé/Fruité	Épicé/Vanille	A
	Black & White	Doux	Herbe fraîche/Doux	A
	Chivas Regal	Fumé/Malté/Doux	Malté/Doux	A et D
	Cutty Sark	Très Sec	Doux	A
	Dewar's White Label	Fumé/Malté	Malté/Sec	A
	J&B rare	Herbe fraîche/Sec	Végétal/Sec	A
	Johnnie Walker Red Label	Fruité/Fumé	Fruité/Sec	A
	The Famous Grouse	Boisé/Caramel	Boisé/Douce	A
	Vat 69	Fumé/Malté	Fumé/Malté	A
	White Horse	Épicé/Sec	Fumé/Sec	A
	Dimple	Doux/fumé	Doux/Tourbe	A
Canadiens	Canadian Club	Sec	Fruité/Seigle	A
	Crown Royal	Fumé	Boisé/Seigle	A
	Schenley OFC	Seigle/Sec	Doux/Seigle	A

I N D E X

BIBLIOGRAPHIE SÉLECTIVE

Pierre Casamayor et Marie-Josée Colombani, *Le Livre de l'amateur de whisky*, Toulouse, 1984.
Michael Jackson, *Le Grand Livre du whisky*, Paris, 1988.
James Darwen, *La Grande Histoire du whisky*, Paris, 1992.
Charles MacLean, *Pocket Whisky Book*, Londres, 1993.
Jim Murray, *The Irish Whiskey Almanac*, Glasgow, 1994.
James Darwen, *Whisky : le guide*, Paris, 1995.
Wallace Milroy, *The Malt Whisky Almanac*, Glasgow, 1995.
Gary et Mardee Regan, *The Book of Bourbon and other Fine American Whiskeys*, Shelburne, 1995.
Mark H. Waymack et James R. Harris, *The Book of Classic American Whiskeys*, Peru, 1995.
Michael Jackson, *Le Nouveau Guide de l'amateur de whisky*, Paris, 1996.
Gilbert Delos, *Les Whiskies du monde*, Paris, 1996.

Les Boutiques spécialisées

La Maison du Whisky
20, rue d'Anjou
75008 Paris

Milroy's
3, Greek Street
Londres

Gordon & Macphail
58-60 South Street
Elgin
Écosse

Cadenhead's Whisky Shop
172, Canongate
Édimbourg

Les Clubs

Le Club Maison du Whisky
20, rue d'Anjou
75116 Paris

The Scotch Malt Whisky Society
171 rue de Charenton
75012 Paris
81, Giles Street
Édimbourg

The Keepers of the Quaich
Burke Lodge 20 London
End - Beaconsfield
Bucks HP9 2JH
Grande-Bretagne

The Kentucky Bourbon Circle
P.O Box One
Clermont, Kentucky
40110-9980
États-Unis

Single Barrel Institute
1001 Wilkinson Boulevard
Frankfort,
Kentucky 40601
États-Unis

Mini Bottle Club
Charfield House, Burnetts
Lane Horton Heath
Nr. Eastleigh
Hampshire
S050 7DG
Grande-Bretagne

Les Bars spécialisés

Le Forum
4, Boulevard Malesherbes
75008 Paris

Harry's New York Bar
5, rue Daunou
75002 Paris

Kitty O'Shea's (Irish Pub)
10, rue des Capucines
75002 Paris

The Auld Alliance Scottish Pub
80, rue François Myron
75004 Paris

The Canny Man's
Morning Side Road
Édimbourg EH 10

The Abbotsford
Rose Street
Édimbourg EH 1

Bar Dessiné
Wolvengrachtstraat 47
Rue du Fossé-aux-Loups 47
B-1000 Bruxelles

Crédits photographiques : Chivas Glenlivet Group 68 ; United Distillers 85, 110h ; ÉDIMBOURG, National Gallery of Scotland 89 ; LONDRES, Bridgeman 16-17, 38, 83, 106-107 ; NEW YORK, Bettmann Archive 33, 113 ; PADOUE, Museo Civico 96 ; PARIS, Archives Photos 24-25, 28, 34-35, 50, 52, 81, 82 ; Jacques Boulay 86, 87 ; Olivier Beytout 99 ; Jean-Loup Charmet 32, 64h ; Dagli Orti 14, 26, 47, 103 ; Magnum/Michael K. Nichols 31, 100 /F. Scianna 54, 55, 66h /George Rodger 4-5, 57, 69 /Ian Berry 75 /Elliott Erwitt 92-93 ; Maison du Whisky/Guérard couverture, 40, 56, 60, 63, 72, 76, 88 ; Erwan Quéméré 10, 18-19, 46, 48-49, 53, 58-59, 60-61, 64b, 66b, 67, 71, 74, 79, 84, 101, 102, 105, 108-109, 110b, 111 ; Roger Viollet 41, 94-95 ; Scope/Philipp Gould 37, 62, 65, 90-91 /D. Faure 42 ; VANVES, Explorer/B. Gérard 20-21, 23 /E. Brenckle 39b, 80 /Manix 44-45 ; Giraudon/Alinari 30 © ADAGP 1996 /Bridgeman 97.

Directeur de la Série Art de vivre : Stéphane MELCHIOR-DURAND
Coordination éditoriale : Béatrice PETIT
Assistante édition : Chloé JARRY
Rewriting : Pia CLÉVENOT
Direction artistique : Frédéric CÉLESTIN
Infographies : Thierry RENARD
Photogravure, Flashage : Pollina s.a., Luçon
Papier : BVS-Plus brillant 135 g. distribué par Axe Papier, Champigny-sur-Marne
Couverture imprimée par Pollina s.a., Luçon
Achevé d'imprimer et broché en décembre 1996 par Pollina s.a., Luçon

ISBN : 2-08-012481-1
ISSN : 1258-2794
N° d'édition : 1281
N° d'impression : 71295
Dépôt légal : novembre 1996
Imprimé en France